ルポ 人が減る社会で起こること

秋田「少子高齢課題県」はいま

工藤 哲

岩波書店

はじめに　「少子高齢課題県」のいま

「秋田県」と聞いて、多くの人はどんなイメージを持つだろうか。

愛くるしいどっしりした大型の「秋田犬」、あるいはスーパーで見る有名な米ブランド「あきたこまち」、さらには「日本酒」「食べ物が豊富でおいしい農業県」、一方で「豪雪地で寒く、移動が大変そう」「はるか遠い北国」「東京から距離がある」「東北の中でも田舎の県」といった印象を持つ人もいるかもしれない。

二〇二〇年秋に、中国の上海から秋田に赴任した筆者の認識も同じようなものだった。また、いずれも秋田を言い当ててもいる。

赴任して間もない頃には、のどかな風景や穏やかな土地柄に触れて深く感動し、観光客のような気分で県内各地を見て回っていたが、次第にいろいろなことが気にかかるようになってきた。

いくつかの特徴やキーワードを挙げると、「どこに行っても比較的空いている」「施設がゆったり使えるが、この利用者数で経営は大丈夫なのか」という気がかりに始まり、「働いているシニア層の多さ」「山あいの集落の空き家」「各地を走る車のスピードの速さ」「昭和の香りがする懐かしい家や街並み」といったところだろうか。これらの背景には、近年秋田で進んでいる人口減少があるのではないかと思い至った。
筆者が赴任した二〇二〇年秋、県の人口は約九六万人だった。その後、たった四年半ほどで九〇万人を下回り、六万人余りも減少した。これは東京ドームの最大収容人数(約五万五〇〇〇人)より多く、年間で一万人以上減のペースだ。人の集まる場所で取材をしていても、そこにいる人の数が何となく減ってきている印象がある。今秋田が抱えている最も大きな課題は、今後約二五年間に四割近くも減ると予想されている人口減少、少子高齢化だ。

こうした状況に加え、筆者が過ごしている四年半の間に、一億円を超える高額のSNSやネットを通じた詐欺被害が新たに報じられるようになり、以前は山奥で生息していたクマが市街地に出没し、住民が負傷する事案、さらに豪雨や台風、豪雪による自然災害も毎年のように伝えられるようになった。

秋田県は、東北六県の中では東京から新幹線で行くのに最も時間がかかる。東京や西日本からはなかなか見えてこない地域だとも言えるだろう。仕事の出張やスポーツの試合で行く、あるいは元々家族や親戚が住んでいる、友人や知人がいるなどの個人的な理由がなければ、足を運ぶ機会は比較的少ないのではないだろうか。

では、秋田とはどんなところで、一体何が起きているのか。冒頭に挙げたような多くの人が持つ秋田の印象の、さらに奥にあるものを伝えたいと思い、各地の取材をまとめたのが本書である。本文中の肩書は主に取材時のものとした。

人口減少や高齢化を原因として、秋田で日々起きていることは、日本の地方の共通の課題でもあり、至るところでこれから起き得る未来の一つだろう。

仮に日本の国を一人の「人」にたとえれば、大都市は「顔」であり、その顔を支え、人材や食べ物を供給し続けている地方の存在は、いわば「国の足腰」にあたる。双方がしっかり機能し、支え合うことで一つの国としてのさまざまな動きが可能になる。「顔」や「見た目」がどんなに印象的できれいなものであっても、それを支える足腰の力が衰え、その現状に見て見ぬふりをすれば全体の力は次第に弱まり、国としてしっかり立っていくことは難しく、バランスの取れた将来の発展や繁栄は望むべくもない。

本書で紹介する秋田の現状が、なかなか伝わりにくい日本の地方に目を向けるきっかけになれば幸いだ。

目　次

＊文中の写真は、特記以外毎日新聞社の提供による。

青森県
十和田湖
八峰町
藤里町
小坂町
警察官がクマに
襲われた現場
十ノ瀬 藤の郷
大館市
能代市
鹿角市
三種町
北秋田市
大潟村
上小阿仁村
八幡平
ドラゴンアイ
雲昌寺
男鹿半島
八郎潟町
男鹿市
五城目町
仙北市
井川町
潟上市
ゴジラ岩
キングコング岩
田沢湖
秋田駅
秋田市
クマが中に
入り込んだスーパー
角館駅
田沢湖駅
雫石駅
大仙市
秋田新幹線
大曲駅
美郷町
岩手県
由利本荘市
横手市
にかほ市
羽後町
東成瀬村
湯沢市
山形県
宮城県

第1章 人口減少の現在地

フェスティバルで審査を待つジャンボうさぎたち（大仙市，2023年10月）

一時間三〇分の壁

東北新幹線「はやぶさ」で東京駅を出て、上野、大宮、仙台を経て約二時間一五分乗ると、岩手県の盛岡駅に到着する。盛岡ではしばらく停車し、少し発車を待つことになる。ここで「はやぶさ」と接続している先頭の秋田新幹線「こまち」と切り離される。

盛岡駅から秋田駅に向かう「こまち」は、実はここからが長い。秋田に着くまでにはさらに約一時間三〇分。「こまち」は田沢湖線というローカル線をゆっくりと走るため、速度を大幅に落とす。秋田までの停車駅は、雫石、田沢湖、角館、大曲だ。

この間に険しい奥羽山脈を横断する。この途中でクマやシカが急に線路に現れることがある。こうした動物と新幹線が衝突し、ダイヤが乱れることも珍しくない。冬場には豪雪や吹雪で大幅に遅れることもある。途中の大曲では線路の事情から新幹線はUターンし、逆方向に走り出してゆっくりと終点・秋田駅に向かう。

東北地方で隣接する岩手県と秋田県。岩手県や青森県はフル規格の新幹線の通過点という位置づけだが、秋田県にとってこの「一時間三〇分」の心理的な隔たりは小さくないように思う。この距離がある分、秋田は東京や岩手から見ればより「奥地」な感じがする。このような交通事情なので、秋田県は多くの人にとって「行き止まり」、あるいは「親戚や友人など、親しい人がいるといった目的がなければ行く機会のない場所」になっていく。

秋田駅に着く。新幹線を降りて駅前に出ると、白髪の高齢者の姿が目立つ。若者の姿もちらほら見えるが、ここ秋田駅周辺は割と若者が多い方なのだ。ここから車で三〇分も走れば、人の姿は次第にまばらになり、行く先には広大な農地や山林が広がっている。

秋田県で今最も大きな課題と言えるのが、人口減少だ。秋田県は人口減少率の高さで全国一。若い人たちの多くはより条件の良い仕事や結婚相手を求めて県外に出てしまい、そのまま地元に残る親や、祖父母の世代が主に県民の生活を支えている。

ここで、秋田で起きていることを統計から見てみたい。

注目されたデータがある。二〇二三年末、国立社会保障・人口問題研究所が発表した二〇五〇年の推計だ。「二〇二〇〜二五年にかけて、東京都を除く四六道府県で総人口が減少する。二〇四〇〜四五年以降は、東京都を含むすべての都道府県で総人口が減少するようになる」という。

秋田県については、二〇二〇年の人口を一〇〇とすると、全国で最も低い五八・四にまで減少すると予想されている。この先三〇年で、現在の約六割近くにまで減るとの見立てだ。

さらに、秋田県内の若者については、〇〜一四歳人口の割合は二〇二〇年で九・七%だが、三五年には七・二%、五〇年には六・九%にまで減り、どの時点でも都道府県別の四七位、最下位に位置している。また、一五〜六四歳の働き手世代でも、秋田県は、二〇二〇年に五二・八%だが、三五年では四九・三%、五〇年に四三・二%となり、こちらも順位は最も低い。

では高齢世代はどうだろうか。六五歳以上人口の割合は、二〇二五年に秋田県だけが四〇％を超え、その後、二〇四〇年には一二県、五〇年には二五道県に増える、としている。

推計は、「二〇五〇年に六五歳以上の人口割合が最も高いのは秋田県(四九・九％)であり、最も低いのは東京都(二九・六％)である」と指摘する。高齢者の割合が最も高い秋田と、最も低い東京都では、二〇％近い差が出ることになる。

また、経済界有志や有識者でつくる民間組織「人口戦略会議」が二〇二四年四月にまとめた報告書は、二〇二〇～五〇年の三〇年間で、子どもを産む中心の年代となる二〇～三九歳の女性が半数以下となる自治体は「消滅可能性」があり、日本全体の四〇％を超える七四四自治体が該当すると分析した。東北地方には「消滅可能性自治体」が一六五あり、その数も割合も突出しているという。また、こうした自治体の多くには、社会減対策と自然減対策の両方が必要だとも指摘した。

秋田県については、県都の秋田市を除く二四市町村について「消滅可能性」があるという見方を示した。男鹿半島がある男鹿市など北部の市町村を中心に、二〇五〇年までに二九～三九歳の女性が半数以下になると推計されている。あくまで推計であり、本当にそうなるかは現時点ではわからないので、地元首長からは「レッテル貼りだ」といった反発の声も上がっている。

こうした事情から、秋田はメディアなどで「少子高齢課題県」と呼ばれることがある。

「八〇歳祝い金」をめぐり対立

高齢者層比率が高い秋田で、シニア層の存在感の大きさを改めて象徴する出来事があった。二〇二三年春、田沢湖や乳頭温泉、角館の武家屋敷といった有名な観光地があり、インターナショナルスクールを誘致した仙北市で、市の「八〇歳祝い金」廃止提案を市議会が否決したのだ。仙北市では高齢者を敬い、福祉の増進に寄与することを目的に「敬老祝金条例」を定めており、毎年九月に、その年満八〇歳になる人に五〇〇〇〇円、満一〇〇歳に一〇万円を支給することを規定していた。

急速な少子化に危機感を強める市側は、こうした規定の一部を事実上廃止する新たな条例制定案を市議会に提案した。

しかし八〇歳への支給を廃止する案に対し、市議からは「戦時の大変な時代の日本を支え、生き抜いてきた年配の方々が、祝い金をもらうのを楽しみにしている」「老後の唯一の楽しみも削ってしまうのか」との落胆の声もある」など、反発する意見が噴出した。

採決では半数以上が反対に回り、条例制定案は反対多数で否決に至った。財政難に悩む市は祝い金他の予算を「少子化対策に充当したい」などと理解を求めたが、高齢者層を中心に反発は根強く、議会側が退ける形になった。

当日、筆者は現場でその採決の様子を取材した。議会閉会後、田口知明市長は「財政事情に余裕があれば続けたいが、高齢化率は四割を超え、少子化対策は早急に手を打たなくてはならない」と複雑な表情で説明し、「今後の対応を改めて検討したい」などと述べた。

二七億円の財政調整基金が七年で三七〇〇万円に

否決からしばらくして、改めて取りやめを提案した田口市長と、反対した議員に真意を聞いた。田口市長は取材に対し、仙北市の置かれた財政的な事情を丁寧に説明してくれた。

――否決されましたが、改めて思いはいかがですか。

八〇歳の方々をないがしろにするつもりは一切ありません。現在の厳しい財政事情や減る予算で何とかやりくりする中で、どこかの予算を削らなければ、遠からず市の貯金は底をつき、行政サービスは手薄になっていきます。内部で事業評価を繰り返した末に議会に提案したのですが、否決されました。

――市の財政事情はいかがですか。

財源不足に備えるために積み立ててきた財政調整基金が二〇一六年には約二七億円ありましたが、近年では三七〇〇万円にまで減りました。国の交付金が減る中で、老朽化のため新庁舎を建設しました。税収増には一定の人口が不可欠ですが、合併した〇五年には約三万三〇〇〇人だったが二万四〇〇〇人近くにまで減っています。

財政は年々厳しさを増していますが、生活のために必要な予算は削れないのです。

市長は、雪が多い地域のこんな事情を説明した。

たとえば除雪費が挙げられます。市内の八割は森林で豪雪地域です。人口は減っても住民がいる限り除雪は必要です。上下水道や病院なども維持しなくてはいけません。そうなると一人当たりの負担額は次第に膨らんでいきます。心苦しいですが、インフラ存続のためには市民も痛みを分かち合ってもらう必要があります。これは理解してほしいのです。

――市の将来をどう見ていますか。

ここ一年の出生数はついに七〇人を下回りました。私が幼い頃の約一〇分の一の水準です。一方で、六五歳以上の高齢化率は四〇%を超えました。市の現状は「少子化」ではなく、既に「少子」の状態と言えます。子どもが減るスピードは予想を大きく上回り、四〇年には人口が一万五〇〇〇人ほどにまで減るとの見方もあり、行政サービスの維持や市の存続自体が厳しくなりかねない状況です。

つまり、若者一人が高齢者一人を支えるような状況が迫っているのです。行政の運営が苦しくなれば周辺自治体とのさらなる合併を迫られてしまう可能性もあります。利用者が減れば路線バスなどの公共交通機関の維持も難しくなり、仮に企業を誘致できても働ける人が足りないという状況になり得ます。市外からの移住者は限られるので、地元の若者にいかにとどまってもらうかが、非常に重要になっているのです。

一方で、六五歳以上の市民の健康寿命も延ばしたい。七〇、八〇歳でもいきいきと生活し、元気に体を動かしてほしいのです。高齢者が元気な街はすばらしく、元気なお年寄りの姿は若い世代の励みにもなるはずです。

――条例案提案の狙いは何でしょうか。

子育て世帯が「もう一人ほしい」と思ってもらえるような街づくりをしたい。そのためには今より踏み込んだ財政改革が必要で、今回の提案もその一つです。今手を打たないと、ますます事態は深刻になってきます。高齢者と若者世代のどちらを優先するか、秤《はかり》にかけるものではありません。

祝い金廃止が高齢者に不人気な提案なのは十分承知していますが、現実を冷静に直視すれば、次の世代にバトンを渡すために避けて通れません。(議会側は)否決するならより前向きで建設的な提案をしてもらいたいと思います。

シニア世代「祝い金残して」

これに対して反対した側はどう主張したのか。市長の持論をなぜ承認できなかったのか。ベテラン市議に聞いてみた。

――採決で反対意見を述べていましたが。

議員の中には「(まずは)市民の声を聞いた方がいいのでは」という声がありました。地元の老人クラブの関係者などに聞いてみたところ「そこまで削ってしまうとは」「何としても残してほしい」という声が多かったのです。「祝ってあげたらいいのでは」という声が若者世代からも出ていました。多くの議員がそうした事情を考慮して否決につながったのです。

――反対した理由は何ですか。

八〇歳での五〇〇〇円の敬老祝い金は、人生の節目の大きな生きがいであり、楽しみと言えます。本人だけでなく家族や友人、知人など多くの人に幸せと喜びを与えるものです。廃止することは市民の思いを踏みにじるもので、市と市民との間に溝が生じかねません。市政に大きなマイナスの影響を与えます。

祝い金などを廃止しても、決して市民の幸福度につながりません。行政への憤りや落胆、不信の声はきっと大きくなるでしょう。

――市は提案理由に厳しい財政事情を挙げています。

市の予算を見れば高額の不要な支出が散見され、これらを精査すれば祝い金は廃止しなくても済みます。赤字事業を黒字化する努力をすれば予算をより効率的に使えるはずです。人生の先輩や高齢者への思いやり、敬愛の気持をもって努力すれば捻出できると思います。私が調べたところ、近隣の自治体でも八八歳で一万～二万円、一〇〇歳で一〇万円の祝い金を支給しています。

――一人あたり五〇〇〇円という額についてはどうですか。

高齢者には「将来の子供のために使った方がいいのではないか。五〇〇〇円くらいならもらわなくてもいい」と話す人も確かにいます。だが五〇〇〇円くらいなら今まで通り楽しみを享受してもいいのではないでしょうか。人によっては「たかが」と受け止められるのかもしれませんが、「されど」でもあります。

祝い金をきっかけに家族が集まることにもなり、地元で外食したり、子や孫に何かを買ったりする人も少なくありません。一〇万円を受け取る一〇〇歳の人も家族のために使う場合も多いはずです。結果的には若い世代に還元されていると思います。

祝い金の予算配分について「若者か」「高齢者か」と秤にかけているわけではありません。このくらいの規模の額なら、観光振興や赤字事業の無駄を今まで以上に見直せば捻出できると思います。

双方の取材で感じたのは、普段なかなか公に表には出にくいシニア層の存在感の大きさと、深刻化する少子高齢化の現実だ。仙北市では「六五歳以下の一人が、六五歳以上の高齢者一人を支える」という状況が徐々に近づいている。そうなれば社会保障費や生活コストは上がり、現役世代の負担はさらに増す。筆者自身も「将来、年金は確実にもらえるのか。いくらもらえるのか」と老後への不安が頭をよぎった。

こうした事情は仙北市だけにとどまらない。高齢者への「祝い金」は他の自治体でも支給されており、同じ状況に直面する可能性がある。

「祝い金」を含め、これまで高齢者に振り分けられてきた自治体の予算は、今後見直されることになるのだろうか。人口比で大きな割合を占める高齢世代はこうした動きをどう受け止めるのか。一方で、投票率が伸び悩む中、存在感が薄くなりがちな若者や子育て世代は声を上げるのか。

今後も各地の自治体や議会で、さまざまな議論が噴出することが予想される。

広域化など見直しを迫られる医療現場

人口減少や秋田県内各地の人口バランスの変化から、少しずつ進められている対策の一つが医療サービスの見直しだ。人が減ればこれまでのようには医療サービスを提供できなくなり、病院経営が逼迫して存続が危うくなる可能性もある。医師の診断を受けるにも時間がよりかかる状態になることを懸念する声もある。

「医師数は限られているのに、現状は効率的に活用しているとは言えません。医師にとって大変な負担で、住民にとっても医療を支える負担が大きくなります」

二〇二三年春、秋田市で開かれた講座で、秋田県の幹部はこう強調した。

さらに、学校や公民館、金融機関、農協などと同様に「医療機関も広域化を迫られています」と指摘した。似た機能を持つ病院が地域に複数あると患者が分散し、病院ごとの症例数が減って、専門的な手術や治療例も少なくなる。そうなれば医療技術の維持・向上が難しくなり、地域全体の医療機能が低下する。医師の士気も上がらず、若い医師が都市部に流出する。そうした悪循環に加えて、「医療機関の経営にも影響を与え、安定した医療サービスが提供できなくなる恐れがあります」と語った。

その上で、一定水準の医療を維持するため「医療機関の役割分担による効率的な運用が必要」

と訴えた。それぞれの医療機関があらゆる症状に対応するのには限界がある。それよりも、異なる強みを備えることで、病気やけがの症例に応じて、患者のかかる病院が決まる方式に改めざるを得ない、との考え方だ。

上がる一方の医療コスト

さらに、医療にかかるコスト面の課題を指摘する声もある。

秋田大学医学部附属病院の経営幹部は、医療の高度化で、薬剤や技術のコストも上がっているとし、「近年の電気代高騰による打撃は、大がかりな医療機器がたくさんある病院も同じです。大学病院の電気代は毎年五億円くらいでしたが、今は七億円。大学病院も赤字になります」と明かした。「注射一回で七〇万円、治療一回で二億円という例もあります。医療には莫大なお金がかかりますが、病院自体の収益が高まるわけではありません」。

医療費の一部を支える税収も伸び悩む。加えて、医療機器の多くは海外製で、円安に伴う輸入物価上昇の影響もあり、この幹部は「高額な医療を一〇年後も維持できるとは思えません」と、危機感をあらわにした。

さらに、秋田大学医学部では卒業生の多くは首都圏などに流出しているという。県内でも、秋田市周辺とそれ以外の地域で医師数に大きな偏りがある。そのほか、高齢の入院患者が治療後も退院できないケースが増え、ベッド数が不足してしまう地域もあるなど、課題は山積している。

講座では、現場の医師から、こんな発言が相次いだ。

「病院を集約すれば距離が遠くなる。交通の便や救急搬送はどう考えたらいいのか」

「地域の病院の経営母体が私立や農協系などと異なっていて、緊急時に協力しにくい」

「(診察を続けるための)体力の維持が難しい。当直勤務の翌日も夕方まで仕事をしている」

「医療が高度化し、大学病院はマンパワーが必要。昔のように各地へ均等に医師を派遣するのは難しい」

「年間二〇〇件弱のお産に産科医四人で対応している。これでは医療が成り立たなくなる」

「分娩施設を集約し、周辺のホテルなどに妊婦を待機させる方法も考えざるを得ない」

県や医師会は、医療の効率化に向け、ドクターヘリなどによる広域搬送やオンライン診療、病院間の協力、さらに患者の迅速な移動や搬送につながる道路や交通網の整備を急ぎたいという。

過疎地を回る医療機器搭載車

こうした中、医療機器を搭載した車で過疎地を診療して回る車両の運用が各地で本格化してきている。実際に車に同行してみると、過疎地の現実が見えてきた。

仙北市では二四年二月、医療機器搭載車「せんぼく医信電診丸」の運用が始まった。過疎地で医療サービスの提供が限られる中、移動が困難な高齢者の医療ニーズに応えようという狙いだ。

市によると、車両はトヨタ自動車のハイエースをベースにした一台(一式価格約二四〇〇万円)で、

「せんぼく医信電診丸」の車内で，医師（画面）の音声を聞きながら診療する看護師（仙北市，2024年2月）

内部には心電図や超音波診断装置、オンライン診療のための電子カルテのシステム端末、体組成計、電子聴診器などを備えている。当面は看護師一、二人と運転手で市内を中心に一日二件ほど回り、地元診療所の医師が端末の画面越しにリモートで診察し、症状や状態を診断していく。

医療機器搭載車の導入は、医療資源が限られる地域に住む高齢者ら交通弱者を支援する「デジタル田園都市国家構想交付金」事業の一環だ。こうした車両は医療ＭａＳ（モビリティー・アズ・ア・サービス）とも呼ばれる。

出発式で、田口市長はこう語った。

「仙北市は高齢化率四四・七％で、県内自治体で三番目に大きく一〇〇〇㎢を超える。例年大変な積雪で、各市民の自宅に伺うのは時間がかかり、すべてをカバーするのはなかなか難しい。デジタル技術を活用して幸福度向上に取り組みたい」

筆者が同行した医療用車両は、最寄りの診療所から車で約二〇分の場所に住む一人暮らしの八〇代の男性の家まで出かけ、血圧や尿の状況などを検査した。女性看護師は「診療所だと別々のスペースにあるものを使った作業が、すべて車内でできる」と手応えを語った。

この診療所によると、高齢者の多い地区では一日五〇人ほどの外来患者があり、診療へ出向くのが難しい。しかし危篤や看取りの際は、雪の中でも各家庭に赴かねばならず「狭くて危険な道もあり、患者の家にたどり着くまでに自分たちが死んでしまうのではないだろうか」と感じることもあったという。医療従事者の態勢も限られる中、より安全で効率的な医療サービスをいかに提供するかが大きな課題になっていた。

市によると、路線バスなどが赤字で廃線になる例が相次ぎ、市民の移動は自家用車やタクシーに限られつつある。通院するたびにガソリン代やタクシー代で経済的な負担がかさむ。そのため一カ月分の薬を二カ月かけて服用するなどして、症状を悪化させる高齢者まで出ているという。

市保健課の担当者は「この車両で通常の診療や検診にも取り組み、遠方に住む患者の受診のハードルを下げ、症状の早期発見や重症化の予防につなげたい」と期待を語った。

事業の後継者がいない

秋田県の高齢化率の高さを裏付ける数字をもう一つ挙げよう。地元企業の社長の平均年齢だ。帝国データバンク秋田支店が二四年五月にまとめた調査では、秋田県の社長の平均年齢は一九九四年から毎年上昇し続け、二三年には六二・五歳となり、六年連続で全国最高となった。「総じて社長の世代交代に関して活発な様子は見られず、社長の高齢化はさらに進行している」と指摘している。

都道府県別に見ると、秋田県に次いで岩手県が六二・四歳、高知県が六二・三歳と続く。東北地方は六県すべてで全体平均(六〇・五歳)を上回っている。一方、平均年齢が最も低いのは三重県(五九・四歳)で三歳近い開きがある。

また秋田の業種別では、不動産が六六・二歳で最も高く、卸売や小売、運輸や通信業などで目立っている。

帝国データバンク秋田支店の担当者は「県外で働いている経営者の身内に秋田へ戻る意思がなかったり、社内の人材不足などの事情から社長の高齢化には歯止めがかかっていない。県内に残る若者が限られ、起業の動きもわずかだ。短期間で後継者に引き継ぐことは難しく、突発的なことが起きれば、自社にとどまらず利害関係者への悪影響も生じかねない。社長が高齢化して事業の引き継ぎへの着手が遅れれば、その後に経営が行き詰まる懸念も出てくる」として、地元企業に早めの備えを促している。

とはいうものの、後継者の見通しが立たない企業の割合も高い。秋田では後継者不在率が二〇二三年に七〇・〇%に達し、全国の都道府県の中で二番目に高かった。担当者は「前もって意識して取り組まなければ、事業の承継も円滑に進まない可能性がある」と指摘する。

秋田県内の一八八九社を対象に分析したところ、後継者について「いない」、または「未定」とした企業は一三二三社に上った。二二年の調査に比べて秋田県の後継者不在率は上昇し、鳥取県の七一・五％に次ぐ高水準となった。上位を占めたのは島根県（六九・二％）、北海道（六六・五％）、沖縄県（六六・四％）である。

一方、不在率が最も低かったのは三重県の三〇・二％で、三重県は、地域金融機関などが密着して支援をしていることに加え、経営や商圏が比較的安定している企業も多いという。その理由として、親族が経営を引き継ぎやすい環境が比較的整っていることが挙げられる。

秋田県内の業種別でみると、不動産業が八〇・〇％で最も後継者不在率が高く、以下、サービス業七四・四％、小売業七一・二％、建設業七〇・九％、運輸・通信業六八・八％、製造業六六・九％、卸売業六六・七％――と続いた。

また、身内を登用するなど「同族継承」が多かった県内の事業承継の動向だが、二三年は血縁関係によらない役員・社員を登用する「内部昇格」がトップになった。

今後の見通しについて担当者は、「多くが事業承継の時期を迎えているが、後継者育成に頓挫し、承継が間に合わずに自社単独での事業継続を断念するケースが目立っている」と指摘し、「事業承継は候補の選定から育成まで時間を要するため、事前の計画性が最も大切。後継者問題に対する経営者の意識改革が必要」だという。

一方、東京商工リサーチは二四年八月、「代表者が高齢の企業ほど財務内容が悪化」とするレポートをまとめている。それによると、黒字企業の割合は四〇歳未満が七八・二％、四〇歳代は七八・七％に対し、七〇歳代になると七二・七％、八〇歳以上は六八・八％と下がってくるという。

同社はまた、「資本金一億円以上の大企業は、代表者が高齢なほど黒字企業率が高い。業歴の長い老舗企業では、代表者の経験や利益を生み出す経営基盤が整っていることが要因として挙げられる」と指摘する。一方、国内企業の九九％を占める中小・零細企業を見ると、「資本金一億円未満の企業は、代表者が高齢であるほど黒字企業率が鮮明に低下する。長期を見据えた経営判断をとりにくく、業績低迷を招く一因になっていると考えられる」。

このように、経営者の高齢化は長期的な設備投資や経営改善に消極的になりやすく、環境変化への対応が進みにくいとして、政府や自治体の支援も含めた円滑な事業の承継を呼びかけている。

公共交通の未来

バスやタクシーなどの公共交通機関の人手不足も各地で年々深刻化している。地方の路線の見直しや廃止が相次いでいる。業界では地元の高校生を卒業後も何とか引き留め、こうした交通機関の担い手になってもらおうと必死だ。

二三年夏、秋田県大仙市の角館自動車学校では「バス運転士体験会」が開かれた。

会場には県内の業界各社のバスが集結した。主催した公益社団法人・秋田県バス協会は「運転士は人手不足が近年深刻になっている。年齢は問わないので、ぜひ一人でも多くの人に目指してほしい」と呼びかけた。

会場内の教習コースでは指導員の説明を受けながらバスを運転したり、教室のシミュレーターの画面を見ながら運転感覚を体験したりする場が設けられた。参加したのは、地元高校生や運転士に関心を持つ男鹿市や横手市の市民だ。免許を持たない高校生が実際にバス運転をする体験会は、全国的にも珍しいという。

県内の約二〇社で構成する県バス協会の幹部によると、バス運転士は高齢化とともに退職者が増えている一方、新規採用者は会社の補助を受けてバス運転の免許が取れるにもかかわらず、伸び悩んでいる。

県民生活に身近な路線を運行する秋田中央交通(秋田市)、羽後交通(横手市)、秋北バス(大館市)の三社全体の運転士数は一六年末で六一七人だったが、六年後の二二年には四五〇人と、約三割減った。このため路線バスでは減便や路線の見直しをせざるをえず、修学旅行や災害時の被災者輸送、鉄道の代替輸送にも支障が出ているという。

秋田県に誘致された大規模企業の求人活動も、地元企業との人材獲得競争を激化させている。地元バス会社の幹部によると「元々バスの運転士の待遇は悪くなかったが、規制緩和による値下げ競争をした結果、待遇は厳しくなった。だが近年は改善され、六〇歳を過ぎても正社員で働ける。中には七五歳で運転している人もいる」という。

さらに「自動運転が注目されているが、雪が多い秋田ではまだまだ人の運転が必要な状況は変わらない。利用者から感謝される仕事で、それを励みにする運転士は多い」と語った。

県の担当者は「コロナ禍で高速バスや観光の貸し切りバスの利用が減り、このままでは路線の廃止にもつながりかねない。運行を増やすことが運転士の賃上げにもなる」とし、バスにとどまらず、タクシーや第三セクター鉄道である秋田内陸縦貫鉄道、由利高原鉄道の利用も呼びかけている。

交通網の縮小については、地元の医師からも懸念の声が出ている。ある医師は「地元で免許を返納してしまうと、それはある意味で死に直結してしまうおそれがある。隣の家まで距離があるような場所では、孤立して、銀行やATM、公民館、病院に自力で行けなくなり、自宅で引きこもりがちになる。交通インフラが不便になるほど運動不足で筋力が落ち、うつ病や認知症を引き起こす。引きこもる状態が負のスパイラルになりかねない」と指摘する。

秋田では高齢者の自殺者の割合が全国水準よりも高めだが、孤立した生活習慣や初期の認知症、心身の病気の併発がその一因と考えられている。

秋田市で開かれた女性の生き方についてのシンポジウムで、過疎が進む地域の住民の不満を代弁するように、ある参加者がこう発言した。

「娘が一人東京に出た後、別の娘もうらやましくなって東京に出てしまった。秋田は給料が安いから満足に働ける場所がない。秋田の税金で大切に育ててきた娘が東京に出て、東京都に税金を払っている。それで都庁のプロジェクションマッピングに予算が使われたりしていると聞いて、愕然とする。この際、交通インフラを不自由なく享受している都会の人から「都会便利税」「地方維持税」「地域存続税」などを国が徴収し、それを地方に再配分してはどうか」

地方のインフラで人を育てても、一度出て行ったらそれっきり。都会は若さを維持できるが、地方は親や祖父母世代の割合が高い社会になり、都会と地方のギャップが広がっていく。そんな潜在的な不安が募る中、こうした「都会便利税」の意見に共感する地方の人は、決して少なくないだろう。

リクルートに励む自衛隊や県警

人手不足の事情は、公的機関も同じだ。自衛隊や海上保安庁、警察なども若手の減少傾向が顕著になってきていて、頻繁に若い世代のリクルートに励んでいる。「わざわざ関係者が自宅まで足を運んできて勧誘された」と語る人もいる。

筆者は日々徒歩通勤の途中、秋田県警本部庁舎前を通りかかるのだが、時折「警察官募集」と書かれたのぼりを目にすることがある。一昔前では考えられなかったことだ。

人手不足の実情について、県警に取材した。

秋田県警によると、警察官の採用試験の受験者数は、〇九年度は一〇一一人(最終倍率九・五倍)だったが、二二年度は四分の一近くの二五八人(同二・九倍)で過去最低だった。二三年度にはさらに二・〇倍にまで下がった。秋田県の人口ピラミッドでは、就職適齢期にあたる二〇〜二四歳が非常に少ない。

県警は「人材が確保できなくなれば巡回の頻度が減り、緊急時の現地到着が遅れる事態を招く恐れもある」として、県外からの人材確保にも力を注いでいる。

「秋田県警察の年次休暇取得率は全国警察の中で何番目でしょうか？」

二三年一月にJR秋田駅近くで開かれた就職説明会で、集まった六人の若者を前に県警の担当者がこう問いかけた。正解は「三番目」で、職員一人あたりの平均取得日数は一五・九日だ。クイズ形式で、若者が気にしている休日取得のしやすさを強調していた。

同席した現役の警察官も「休暇の取得率はほぼ一〇〇％。周囲も「取っていいよ」という雰囲気です。休みも希望した日に取れます」「休日の呼び出しなどは、(互いにカバーするので)そんなに心配しなくても大丈夫」と穏やかに語りかけた。また、「秋田県内で発生する事件は年間約二〇〇〇件で、平均すると一日約五、六件になります。二一年の検挙率は七五％で、全国トップクラスです」と、警察官の仕事のやりがいも紹介していた。

警察組織の堅いイメージを少しでも親しみやすくしようと若手の警察官が懇切丁寧に説明する姿は、就職氷河期の一九九〇年代後半に学生時代を過ごした筆者にとっては驚きだ。当時は警察官を含め公務員になるのは「狭き門」で、早くから公務員の採用試験に備えて予備校に通い、それでも夢破れた人は多かったからだ。

その時代を知るからこそ、これほど丁寧に仕事について説明し「ぜひ来てほしい」と積極的に呼びかける姿は筆者にとっては驚きだった。若者が減り、時代は変わったことを痛感する。

採用担当者は「今のところ定数は確保できているが、今後人材が集まらなければ日常業務を担う力が落ちてしまう事態も起こりかねない」と危機感を募らせ、県警本部前に「警察官募集」ののぼりを並べたりしてきた。男性の育児休暇取得率の向上や、女性職員寮の刷新、剣道場や柔道場の新築など職場環境にも配慮していることを強調した。

人材確保が課題になっているのは秋田だけではない。「東北はどこも似たような状況」(県警担当者)だといい、大卒採用の一次試験を県外でも受けられるようにした。

また、「秋田は高齢者が巻き込まれる事件や事故も多く、住民に寄り添える人材がますます必要になっている。社会人経験者も含め、多くの人に警察官の仕事の大切さを伝えたい」という。

警察官のマンパワー不足になれば治安悪化や社会秩序の乱れを引き起こし、「住みにくい秋田」につながりかねない。

「警察官募集」ののぼりが掲げられた秋田県警本部庁舎前(2023年8月)

主要任務になった高齢者の保護

秋田県警は、高齢者の割合の多さから、その対応が主要任務になっている。時折発表される広報では、高齢者にかかわるニュースの提供が少なくなく、切実な事情がうかがえる。

二三年六月、県中央部の大仙署は、行方不明になった高齢者の発見に貢献したとして、県警の嘱託警察犬のシェパード犬とその指導手に感謝状を贈った。指導手は「認知症などで行方不明になった高齢者を捜索する事例は最近本当に多い。今後も同じように役立てれば」と語った。

シェパード犬が出動したのはその前月のことだった。午前中に美郷町で七〇代の高齢者が行方不明になり、午後に家族の届け出を受けた県警から捜索要請があった。午後五時頃から本人の枕カバーのにおいを頼りに足取りを追い、田植え作業中の農家の人たちの話を聞いた警察官と協力して捜索を続けた。約三〇分後、自宅から約七〇〇m離れた場所で、乗っていたバスから降りてきた本人を見つけた。

この犬は人の一〇〇〇倍から一万倍の優れた嗅覚を持ち、これまでにも二一年に湯沢市で行方不明になった人や、横手市で認知症の八〇代男性の捜索でも発見につなげてきた。

秋田県警の嘱託警察犬は認知症の高齢者の捜索などで役割がますます高まっている。指導手によると、行方不明による嘱託警察犬の出動は、近頃では年に三〇件近くあるという。

行方不明の高齢者については、二四年にこんな出来事も取材した。

秋田臨港署でのことだ。雪の中をよろけながら歩く八〇代の男性を助けたとして、秋田大学大学院准教授のバングラデシュ出身の四〇代男性に感謝状を贈った。外国人がこうした形で表彰されるのは非常に珍しいという。

男性は二三年末、秋田市内の歩道で、薄着の高齢男性が両手に買い物袋を持ったまま立ち止まり、うずくまるようにしているのを、車を運転していた時に見つけた。「おじいさん、大丈夫ですか。困っているなら家まで送りますよ」と日本語で声をかけ、車に乗せた。この男性は認知症が疑われ、自宅の住所を言えない状態だったため、四〇分近くかけて署に連れて行き、その後家族と連絡が取れたという。

秋田臨港署の担当者は「高齢の方が思わぬ時間や場所で一人でいる場合は判断力が低下している可能性もある。気になる姿を見かけたり、なかなか自分で声をかけづらい場合は、一一〇番通報してほしい」と広く呼びかけている。

これには筆者も思い当たるところがある。車で山林や田畑の間を走っていると、夜にもかかわらず一人で歩いている高齢者を時折目にすることがある。実は、こうした高齢者は自宅に帰れなくなってしまって、周辺を歩き回っている可能性があるのだ。この取材を機に、万が一のことがあるかもしれないと思うようになり、筆者も一人で山を歩いている高齢者にはできるだけ声をかけるよう心がけるようになった。

蔓延する詐欺被害

こうした警察官の採用倍率が低下する一方で、増え続けているのが、ＳＮＳが使われる投資詐欺や特殊詐欺の被害だ。

詐欺被害は全国共通の課題だが、秋田でも総額で一億を超える高額をだまし取られてしまった人がいる。二三年に入ると、東北地方でも多額の特殊詐欺被害が次々に報告されるようになった。現在も被害はなかなか収まらず、実行役の特定も地方の警察だけでは容易ではない。秋田には一人暮らしの高齢者も多く、減る兆しは見られない。

実際には何が起きているのか。市民に注意を呼びかけるある学習会の様子を取材した。

この学習会では、秋田県警で特殊詐欺を捜査する担当者や、東北財務局秋田財務事務所の担当者らが登壇した。県警の担当者は、被害額が過去最悪の一億三六〇〇万円に上った二三年の例を紹介していた。

概要はこうだ。秋田市の一人暮らしの六〇代女性が七月上旬、スマートフォンのインスタグラムで投資に関する広告を見つけた。アクセスすると、あるＬＩＮＥのグループトークに勧誘された。トーク内で代表を名乗る人物から「お金を入れておくだけでもうかる」などと言われ、投資目的で指定口座に現金を複数回振り込んだ。利益を口座から引き落とすための手数料も要求され、再度振り込んだ。

女性は一〇月、追加の手数料を支払うため金融機関に融資を相談し、不審に思った職員が警察に届け出て被害が判明した。代表を名乗った人物は資産家として知られる著名人を名乗っており、女性はすっかり信用してしまったという。

県警によると、特殊詐欺に関する相談は連日寄せられており、多いのはネットを閲覧中に突然、画面が固まるケースだ。大きな音が鳴り、解除するにはサポートセンターへ電話するよう誘導される。電話すると、修理費用の名目で電子マネーによる支払いを求められるという。

また、「ウイルス対策ソフトをつける」とセキュリティ対策を持ちかけ、数万円単位の支払いを請求し、コンビニエンスストアで電子マネーを入金させる手口もある。電子マネーは振込先の情報が追跡されにくく、入金後に「番号がエラーになった。念のためもう一度」などと催促して何度も支払わせる例もある。

県警の担当者はこう説明した。

「詐欺は食い逃げに始まり、寸借詐欺や無賃乗車など幅広い。そのうち、非対面で不特定多数へ大量に仕掛けられるのが特殊詐欺。二〇年ほど前の「オレオレ詐欺」から、裁判所のはがきを装った「振り込め詐欺」、近年は特殊詐欺へと変遷してきた」。さらに「被害に遭ったら捜査に全力を尽くすが、それしか約束はできない。弁護士も「もし容疑者が金を使ったり、手元になかったりすれば被害額は現実的にはもう回収はできない」との見解だ」と話した。

では、現実的な対策はあるのだろうか。県警は、一人暮らしの高齢者が増え、電話を取ると思わず話し込んでしまう事態を懸念し「不審な電話を取らせない」対策を進める。不審電話は海外からや非通知でかかってくるケースが目立つので、相手の電話番号を電話機に表示するサービスや、着信前に「この通話は自動録音されます」と通知する通話録音装置を積極的に利用するよう呼びかけている。

担当者はさらに、「口座につながるカードの暗証番号は絶対に他人には教えないで。株などの投資は、金融庁に登録している金融機関は電話での勧誘はまずしないと思ってほしい」「詐欺の報道を読むときは、金額よりも「手口」によく注目してもらいたい」と強調した。

加害側に取り込まれる若者たち

さらに学習会では、若者向けの金融経済教育や高齢者向けの金融犯罪被害防止の講座を続けてきた秋田財務事務所の担当者も現状を説明した。

「二一年の特殊詐欺の認知件数は約一万七〇〇〇件でした。金融機関やコンビニ窓口などで食い止めて被害に遭わずに済んだ件数は約一万八〇〇〇件。つまり未然に防いだものを含め三万件以上が把握されています。被害総額は約三七〇億円で、一日平均で一億円以上。多くが反社会的勢力に流れていると言われています」

「実行グループは巧みに心理戦を仕掛けてきます。家族への愛情を利用したり、役所を名乗ったりして、怖がらせ、不安がらせる。「金銭欲」にもつけこむ。「お父さんには言わないで」「午後三時までに」などと言ってきます。手口はまるで演劇のように役割分担され、綿密に練られているのです。こうしたグループに加担してしまう若者は、多くが金銭の悩みを抱えていると言われています。奨学金を返せないままクレジットカードでも借金を重ね、毎月の明細を見ないまま知らぬ間に負債を膨らませ、金融機関から借りられなくなってしまった例なども耳にします」

特に懸念されるのは、末端の「受け子」と呼ばれる若者の低年齢化だ。一四歳で逮捕された例も報告されており、「闇バイトで多いのは夏休みや冬休みなどの長期休暇。顔がわかってしまう地元での活動は避ける傾向にある。家族は気づいたら絶対に止めてほしい」と訴えた。

最近はスポーツ選手の高額契約などで「〇億円」「〇千万円」といった金額を頻繁に耳にする。普通の感覚なら途方もない額だ。こうした言葉が繰り返されることで、社会の金銭感覚が徐々にまひしてきているのではないかと気がかりだ。またキャッシュレス決済は便利だが、支出のハードルが下がる。ポイントはもらえるが、使用頻度が増えれば利用者のお金はどんどん減っていく。

さらに担当者はこう語った。

「特殊詐欺被害について「自分は大丈夫」と多くの方は思うでしょう。しかし被害者の多くはそういう人です。犯人グループは数十人が一日に何十件と電話をかけ、メッセージを送り続けてきます。そうなると、犯人のする架空の話と、たまたま起こった事故などの現実が偶然一致してしまう確率が高くなるのです」

「こうした電話や連絡などがきたら、一人でとっさに判断しないことです。下手に相手とあれこれ話して家族構成や生活ぶり、収入や貯金などの情報を把握されてしまうと、後々大変なことになります」

これは筆者の印象だが、こうした詐欺の被害が一向に減らない理由に、近年の「新聞離れ」も関係しているように思う。いま、多くの人にとって、新聞よりも、自分の関心がある情報に偏りがちなスマートフォンを中心に情報収集することが一般的になっている。新聞は日々こうした詐欺の被害や手口について具体的に伝えているのだが、その情報がなかなか届きにくくなっているのではないだろうか。

確かに新聞はかさばって開くのにスペースがいるし、新聞紙もたまるが、一覧性があって普段関心がないニュースでも目に入りやすい。詐欺被害の抑止には「新聞をこまめに読むこと」も一つの防衛策になるはずだ。

詐欺を何度も防いだコンビニの店長

警察やメディアや関係者が日々懸命に啓発しているが、あまりに被害が減らないので、お金の振り込みができるコンビニや地元の金融機関では、いかに不審な振り込みを店員や職員が見抜くかが一層重要になってきている。「相次ぐ特殊詐欺の被害をレジで阻止し、秋田県警から三度表彰されたコンビニエンスストア店長が横手市にいる」と聞き、話を聞いてみた。この店長はその後も似た事例を阻止し続けている。

応じてくれたのは、ローソン横手二葉町店の四〇代の男性店長、東海林《しょうじ》和美さんだ。「地域のお客様の安全を守れたのがよかったです」。感謝状を手にこう語った。横手署は「一人で何度も阻止するのはなかなかできないことだ」とその判断力をたたえる。

二三年一一月、正午頃に七〇代の男性が来店し、電子マネーの利用番号の送信方法を尋ねてきた。男性は「一〇億円を複数人で分けるキャンペーンに当選した。受け取るには手数料が必要で、払わないと他の人も当選金を受け取れない」という趣旨のメールをスマホに受信しており、三〇〇〇円分の電子マネーを購入しようとしていた。

東海林さんは「詐欺ではないですか?」と指摘したが、男性は納得できない様子で店を出ていった。「他店で購入してしまうかもしれない」と懸念した東海林さんは、車のナンバーや男性とのやりとりを署に通報した。署員が男性に注意を促し、男性は購入するのをやめたという。

東海林さんは一九年にも、四〇代くらいの男性の二五万円の取引を直前で食い止めたことがある。

その男性は慌てた様子で「通販で買い物したので支払いたい」と店のATMを使おうとしたが、手にしていたメモ書きが、警察の指摘する詐欺の誘導手口に似ているのに気付いた。男性が別のATMを使おうと店を出た後、警察に通報して被害を防いだ。

さらに二二年にも別の件を阻止した。電子マネーで三万円を支払おうとした六〇代くらいの女性に、「お客様がご利用ですか」と声をかけたところ、「パソコンがウイルスに感染したという表示が出た」などと話した。それで詐欺を疑った東海林さんは「まずお巡りさんに聞いてみましょう。今呼ぶから相談しましょう」と説得し、支払いを思いとどまらせた。

何度も未然に抑止できた理由について、「二、三回目はシニアの方だった。スマートフォンとかパソコンの知識が不十分そうで、電子マネーのプリペイドカードの仕組みに不慣れなまま購入しようとする人は気づきやすかった」と振り返る。店舗の周辺にはお年寄りが多く住んでおり、「親身に声をかければ支払い理由を話してくれる方もいる。電子マネーを高齢者が買おうとしている時は、まず店員ぐるみで気軽に話せる雰囲気づくりに努めている」と話した。

電子マネーのカードを購入する客には「その支払い大丈夫?」などと書かれた秋田県警作成の紙ケースに入れて渡す。支払額の大きさも詐欺を見分けるポイントで、「一万円を超えたら手持ちの啓発シートを見せ「この内容をお伝えすることになっています」と伝えている」という。

東海林さんは取材に「自分だけでも何度もあるので、各地のコンビニでも似たケースが日常的に起きていると思う」と語り、「この店でも詐欺と見抜けず電子マネーを売ってしまったことがわかり、後で警察から指導を受けたこともある。まだまだ一〇〇%は防げていない。詐欺被害はごく身近にあるのです」と強調した。

実店舗の減少と「ネットショッピング詐欺」

人口の減少で実店舗が減る傾向にある秋田の行政関係者が懸念を強めているのが、靴や時計、化粧品などを安く買おうとネットで注文したものの、商品が届かずに料金をだまし取られる「ネットショッピング詐欺」の頻発だ。サイトの運営者までたどり着くことが難しいうえに、個人の商品契約という事情から警察も本格捜査に着手しづらいこともあって、被害の手口や金額がなかなか表に出にくい。行政の担当者は「人口減少が進み、さまざまな商品を直接手に取れる店が減っていくと、どうしてもネット通販への依存が大きくなりやすい。過度な値引きや不自然な文章表現などには特に注意が必要」と呼びかける。

「値段の安さにつられてそのまま注文し、説明されるままにATMで振り込んでしまった」

秋田市に住む四〇代男性はどのように被害に遭ったのか。

インターネットで検索していた男性は、通常は三万円近い外国メーカーの腕時計が半値近い約一万七〇〇〇円で売られているのを見つけた。しかし「アマゾン」や「楽天」といった大手通販サイトではなく、個人運営のような見慣れないサイトだった。

ネット通販では個人同士の売買は珍しくないため「個人輸入をしたりすればコストが下がって安くなるのだろう」と思い込み、信用してしまった。サイトで注文したところ、直後に「岩崎」を名乗る個人から返信が届き、別の名前の個人口座に料金を支払うよう求められた。

振り込んだ旨を通知したが商品はしばらく届かず、不審に思っていたところ「現在欠品しており、キャンセルして返金したい」「次の公式LINEで問い合わせてほしい」と返信があった。LINEを通じて問い合わせると、別の名前を名乗る人物から、支払伝票の画像を送るよう依頼された。相手に何者かを尋ねても「会社の住所は日本」「当社は返金処理のみを担当する」といったあいまいな返信だった。

その後、金融機関に相談したところ、直後に「その口座は凍結しました」と通知を受けた。もし口座に残金があれば被害者の人数に応じて分割して返済すると金融機関から説明を受けたが、その後の連絡はない。口座の残金は既に全額引き出されたとみられる。

数日すると男性のもとに「料金を返金したい」という趣旨の電話がかかってきた。相手はたどたどしい日本語で、アジア系の外国人とみられる口調だった。男性が「どこの出身か」と尋ねると「台湾」と返答したが、真偽は不明だ。

秋田県警の捜査員によれば、こうした偽サイトを使った被害は「ネットショッピング詐欺」の一つで、連日各署に相談が寄せられている。「手口が巧妙化し、商品代金をだまし取るだけでなく、「返金したい」と言ってさらに口座の番号を聞き出そうとし、スマートフォンの決済アプリを通じて二度三度と支払わせるように仕向けてくる」という。

しかし商品の額は一〇万円を下回ることが多いために、特殊詐欺とも位置づけづらく、警察からは個別に広報や注意喚起が難しいという。「借金を抱えた者が犯罪者に売り渡した口座が振込先になることもあり、個人や外国人名義の口座に振り込む際は注意が必要だ」と指摘する。

消費者の相談に応じている秋田県生活センターの担当者によると、こうした被害は一八年頃から寄せられるようになった。二三年度には六〇件に上り、収まる兆しが見られない。「これまでには化粧品や古着、Tシャツ、スポーツシューズ、健康食品、サプリ、美容オイル、ルアーなどを買おうとしてだまされた人もいる。物価高による節約志向の強まりで「一円でも安く買いたい」という消費者の心理につけこんだ巧妙な手口だ」と担当者は警戒する。

さらに「人口減少によって欲しい商品が直接買える店舗が減り、地方ではネット通販を利用する人が増えていく可能性がある」という。

片側一車線とスピードのストレス

二〇二〇年に赴任してきた筆者にとって、秋田で不便を感じるのは、車線が少ない高速道路だ。筆者は赴任当初、こうした道が普通なのだろうと淡々と運転していたが、時を経るにつれて大きな不便やストレスを感じるようになってきた。片側一車線の道路を走ると、秋田の交通の事情が浮かび上がってくる気がするのだ。

まず、片側一車線だと追い越し車線がないため、法定の時速七〇～八〇kmで五分も走っていると、すぐに後ろの車が詰まってくる。これが五、六台、あるいは一〇台とあっという間に連なってくる。そして片側二車線になった途端、後ろの車が高速で一気に横から抜き去るのだ。つまり秋田で走ると、他の車のスピードが速く感じられる。高速道路の速度表示が七〇kmだとすれば、二〇km速い九〇kmくらいで走るのがほぼ日常的になっている。これが長時間続くと運転の疲れが倍増する感覚になる。

この話を県外出身者にしたところ、多くの人が筆者の印象と一致した。秋田で車を運転してみると、周囲の車のスピードが速く感じられ、至るところで運転中に後方からあおられるような無言の「圧」を感じる気がするのだ。

これにはさまざまな理由が推測される。

片側一車線が続く秋田自動車道（2023年7月）

一つ目は、多くが持ち家に住み、見えっぱりの県民性から高級車を買いたがり、信号もまばらなのでその車でスピードを出して豪快に道を走れる、というのだ。そのためわずかなアクセルでも一気に速度が出てしまうのではないか。

二つ目は、県内のドライバーが他県より少なく、道路はゆったりしているためスピードを出しやすい。高速で走ることが日常的になり、それに慣れてしまう。

さらに三つ目は、そもそも県内人口が減少傾向にあるうえ、取り締まる警察官の数に限りがあるため、止められたり、スピード違反の罰金の支払いを命じられたりする頻度が少ない。

こうした事情なので、片側一車線が多い秋田自動車道から岩手県や青森県を縦断する東北自動車道の片側二車線に入ると、いつも大きな安心感や開放感、うらやましさを感じた。片側一車線と片側二車線の道路を走る心理的負担の差は、とてつもなく大きいのである。

秋田道開通の経済効果

そんな秋田県にあって、新たな高速道路の完成や、既存の高速道路の二車線化は大きな悲願だ。多くのドライバーにとっては、広大な県内移動時間がより短くなるだけでなく、運転の心身への負担が大きく軽減されることが期待でき、ドライバーの体調の面も大きく改善されるのではないか。そんな思いもあり、筆者にとっては高速道路の事情は新幹線やJR線と並び、大きな関心事だ。

高速道路事情について、NEXCO東日本と一般財団法人・秋田経済研究所(秋田市)が興味深い統計をまとめた。

岩手県北上市と秋田県能代市を結ぶ秋田道(約一七〇km)が一部開通し始めた一九九一年から三〇年間の経済波及効果の試算は、福島を除く東北五県で計約七四〇〇億円に上るという。東日本大震災後の物資輸送に大きな役割を果たし、移動時間の短縮や消費向上などにつながった一方、片側一車線の区間もなお多いと分析し、四車線化(片側二車線化)の工事を急いでいる。

試算によると、秋田道の開通による各県への経済波及効果は、秋田五二〇〇億円、宮城八〇〇億円、岩手七〇〇億円、青森四〇〇億円、山形三〇〇億円。交通量は累計約六四〇〇万台で、インターチェンジ(IC)を起点に企業立地が進み、全国的に知られる「大曲の花火」では県外からの交通量が三倍になるなど、観光客の流入を大きく押し上げた。ネギやシイタケ、消費期限が約三日と短いラズベリーなどの食材に加え、木材の輸送時間も大幅に短縮されたという。

また、震災では青森県の八戸、岩手県の久慈、宮古、釜石、大船渡、宮城県の石巻、塩釜など主要な港が軒並み被災した。石油製品などの必要物資は、各地から船で日本海側の秋田港や能代港に運ばれ、秋田道を経由する形で太平洋沿岸の被災地に届けられた。能代港や秋田港の取り扱い貨物量は震災後、それまでの一・三〜一・九倍に増えたとしている。

加えて、険しい奥羽山脈を横断する秋田道は、下道の国道のバイパス機能も果たし、豪雨や台風による土砂崩れに伴う道路の寸断などのリスクも軽減してきた。

地域経済に恩恵をもたらし、災害対応の強化にも一役買っている秋田道だが、なお残る片側一車線区間の解消が課題だ。事故発生時などに片側交互通行になると一般車両はもちろん、緊急車両の通行に支障が生じ、片側一車線の長時間運転はドライバーの肩や首などの疲労にもつながる。

NEXCOは当面、北上西IC（岩手県北上市）—横手IC（秋田県横手市）間の四車線化を優先的に進め、その後は秋田県北部にも拡大する方針だ。「岩手・秋田県境の山間地では新たにトンネルを掘削するなどの長期的な工事が必要になる」としている。

NEXCO東日本秋田管理事務所の幹部は取材に「秋田は、県庁所在地と東京が四車線以上の高速道路で結ばれていない数少ない地域で、豪雪時にも管理しづらく、四車線化をさらに前進させたい」と語った。秋田県民にとって大規模道路の完成は日々の生活の動き方に直結するだけに、無関心ではいられない。

瀬戸際の固有種「ジャンボうさぎ」

少子高齢化の進行は、これまで受け継がれてきた伝統文化の継承にも陰りをもたらしている。担い手が減り、地元での存続が危ぶまれる例はいくつもあるが、ここでは、秋田で飼育方法が伝えられてきた「ジャンボうさぎ」の現状から考えてみたい。うさぎの動きを追うことで、秋田が抱えているさまざまな課題が浮かび上がってくる気がするのだ。

「秋田犬」「比内地鶏」と並ぶ秋田県固有の「ジャンボうさぎ」は、正式名称「日本白色種の秋田改良種」という。体重一〇kg近くまで成長する大型のうさぎで、戦前は軍事的な需要もあり食用や毛皮に広く利用されていた。一九三九年には秋田県内で約一六万羽が飼育されていたが、農家の高齢化などで年々その数が減り、近年は地元での飼育はわずか一〇世帯ほどだ。

ジャンボうさぎは歴史的に、その価値や質の高さが証明されている。四〇年ほど前の一九八三年には、その質の高さから秋田から北朝鮮へと送られていた記録も残る。

送られたのは秋田県の旧畑屋村(現・美郷町)を中心に飼育され、成長すれば体重が一〇kg近くにもなる「畑屋うさぎ」と呼ばれる種だ。ジャンボうさぎの源流とされ、終戦間もない四九年には米国にも親善目的でつがいが送られたというが、米国でのその後の詳細は明らかではない。

美郷町の農協関係者などによると、この地域では海や川の魚が限られ、動物性のたんぱく源が少なかったことから、一八九一(明治二四)年に香川県から食用の小家畜としてうさぎが導入された。大正時代には旧日本軍がその毛皮の多くを防寒用として買い取ったとされる。

その後も大型化の改良が続けられ、ジャンボうさぎは「日本白色種の秋田改良種」として地元で知られるようになった。食生活の変化などの影響で、近年では飼育数は大幅に減っているが、現在もこの周辺地域では、伝統食としてうさぎの肉を鍋料理などにして口にする習慣がある。

こうした秋田の家畜うさぎの事情を知ったのが、北朝鮮だった。北朝鮮側の担当者は八三年夏に雄一〇羽、雌四〇羽を購入。その後、貨客船「万景峰号《マンギョンボン》」にうさぎを積んで日本海を渡ったという。金日成主席（当時）の誕生日の祝賀に提供することが目的だったとされるが、秋田県からはうさぎに加えてリンゴやブドウの苗木も送られたという。

取材したところ、当時の取引を記録した手書きの精算書も残っていた。旧畑屋農協の幹部が出荷者として記され、販売金額は五〇羽で約三二万円、運賃は約六万円だった。

関係者によると、県内の有力政治家を通じ、北朝鮮側から「うさぎを送りたいので売ってくれないか」と農協に打診があった。農協は親善を目的に、うさぎを入れるための箱五〇箱を急いで作り、当時の県職員もうさぎの体調検査に協力したという。

これほど大きなうさぎは北朝鮮には元々生息しておらず、貴重な存在として注目された。近年の消息は不明だが、出荷から約三年半後の八七年に秋田の地元自治体が発行した広報紙には、現地での畑屋うさぎの事情について、朝鮮総連関係者に取材した記事が掲載された。

その記事によると、首都・平壌直轄市に隣接する平安南道の小中学生が自宅で飼育し、数も増えたとある。「一人で二〇匹くらい飼っている人もいるそうです」との記載もある。

前出の関係者は「うさぎは近くに草が生えていれば飼える動物なので、他の家畜と比べればそれほど手間はかからない。北朝鮮の食料不足がたびたび伝えられているが、最終的には家畜として繁殖させ、食用にすることが大きな目的だったのかもしれない」と話す。

秋篠宮さまとジャンボうさぎの縁

このうさぎに毎年関心を示してきたのが、実は秋篠宮ご夫妻だ。意外な逸話がある。東京・池袋の大型商業施設で二三年秋に開かれた農林水産祭「実りのフェスティバル」。各地の農業、畜産関係者らがブースを設置し、特産品を展示販売するイベントだ。ご夫妻は毎年のように足を運んでおり、会場の一角のブース近くに展示された大きなうさぎに目をやると、秋篠宮さまは傍らにいた秋田県美郷町の高橋清一さんに、まず「今年は何kgでしたか?」と声をかけた。高橋さんは「今年はとても暑かったですが、九・四kgまで育ちました」と応じた。高橋さんによると「秋篠宮さまは毎回、今年は何kgになったのかを気にされていて、「あと少しで一〇kgだね」と励ましてくれる年もあった」という。

秋篠宮さまとジャンボうさぎとの縁は生物学研究者としての顔を持つ秋篠宮さまの学術的な関心だった。

美郷町と並ぶジャンボうさぎの産地、大仙市の担当者によると、秋篠宮さまが監修を務めた図鑑『日本の家畜・家禽』に収録するため、執筆者で上野動物園の元園長が〇八年、大仙市の生産者、草薙忠造さん(故人)に取材したのが発端だ。出版の過程で秋篠宮さまがジャンボうさぎに興味を持ち、人づてにそのことを知った草薙さんは翌年、雌のジャンボうさぎ一羽を贈った。

元園長は「秋篠宮さまは大きな生き物に興味を持ち、実際に飼ったりもしてきた。ジャンボうさぎはその大きさから、学術的にも興味を持たれているのだろう」と話す。

その後は、秋田のジャンボうさぎ品評会で多数の受賞を誇る高橋さんが、毎年のようにフェスティバルで秋篠宮さまと交流を続けている。

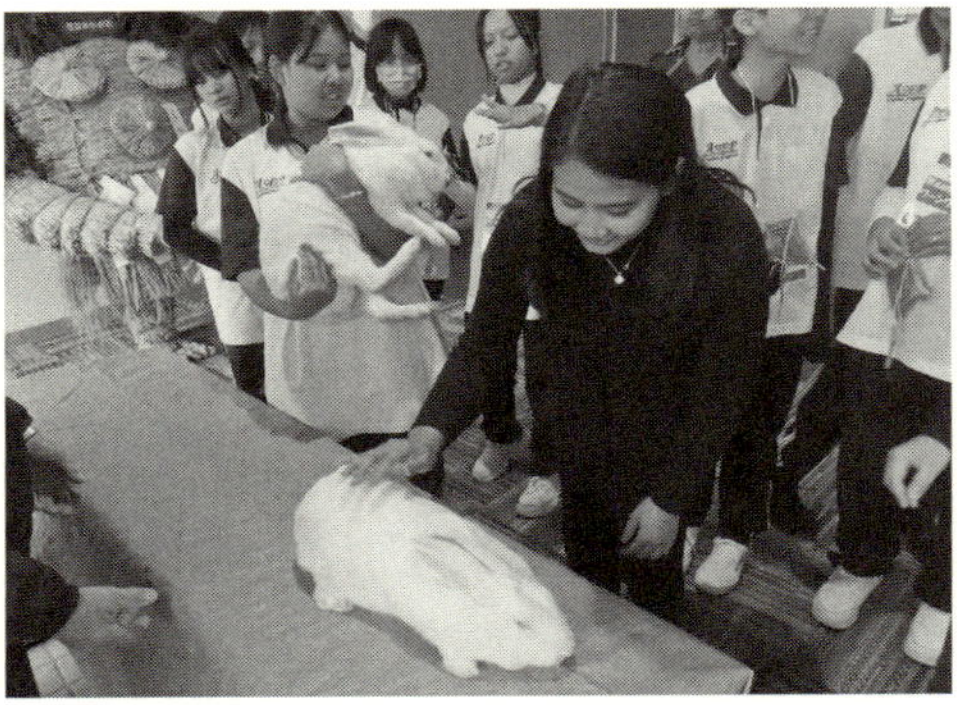

相互交流で来日したタイの中学生がジャンボうさぎと触れ合う（美郷町，2023年12月）

だが実際の飼育技術の継承となると、人口減少が進む中で県内の若者の関心は一部にとどまる。二三年秋に地元の大仙市で開かれた研修会には、仙台市で動物飼育を学ぶ専門学校生らが参加したものの、地元からはゼロ。地域の関心の薄さに、関係者からは「寂しい」という声も漏れた。大仙市によれば、ジャンボうさぎがほしいという声の九割余りが県外からだという。

秋の恒例行事「全国ジャンボうさぎフェスティバル」では、ジャンボうさぎの美しさや大きさを競い、その魅力に触れることができる。二三年には品評会に併せて、初めてうさぎの競りも実施された。二四年は最高値の五万円の値をつけるとともに、初めてとなる国外出身者（中国出身者）による買い付けもあり、特に県外での関心の高さを裏付けた。

会場を訪れた県外の飼育関係者の一人は「秋田のジャンボうさぎは元々ペット用ではなく、食用として改良されてきた。肉などに加工し、販売する技術を持つ人を地元で育成して産業として根付かせることが必要だ」と話す。「それが数年以内にできないならフェスは単なる品評会の域を出ず、収入にならない趣味の飼育にとどまり、うさぎの減少に歯止めをかけられないかもしれない」と懸念を示している。

そんな中、注目されるのが海外での反応だ。東京での毎年のフェスティバルでの展示では、多くの訪日外国人が目に留め、その大きさに驚いていた。まだ外国人の目に触れる機会は限られており、その反響によっては新たな可能性も開けてくるのではないか、とも思える。

若い女性の転出超過が続く

これまで、県外から来た筆者の視点から、人口減を体感する事例についてまとめたが、秋田県はどのような状況にあるのか。公益財団法人・東北活性化研究センター主催のフォーラムから報告してみたい。

二三年七月、秋田市で開かれた「人口の社会減と女性の定着に関する情報発信　秋田フォーラム」では、専門家がさまざまなデータから現状を紹介し、出席者からは驚きの声が上がった。

まず秋田県の人口減少の現状と取り組みについて、県幹部が説明した。県の人口は終戦後に増加し、ピークは一九五六（昭和三一）年の一三五万人だった。その後ゆるやかに減少し、七四～八一年に一時的に持ち直したが平成に入ってから減少傾向が進み、二〇二四年には九〇万人を割り込んだ。約四〇年後の六五年には人口が五〇万人に減るとの予測もある。

担当者はこう説明した。

「年齢別の人口移動状況を見ると、一五歳から二四歳の若年層の転出超過が突出しており、東京圏や仙台方面を中心とした大学などへの進学や就職が主な理由と考えています。特に一五年以降、若年女性の転出超過が男性より多い傾向が続き、背景には自分の希望や条件に合う職場を求めて県外に目を向けるようになったことや、いったん県外で結婚や就職をすると、戻ってくることが難しい状況にあるものと推察しています」

さらにこう指摘した。

「こうした状況を踏まえると、人口減少が当面続くことは避けられず、労働力不足やそれに伴う県内生産の低下のほか、県内消費の減退、家族高齢化の進行による地域コミュニティの機能の低下など、県民生活のさまざまな分野に大きな影響を及ぼすことが懸念されています」

このため県では、魅力的な職場の確保やこれまで低めで続いてきた賃金水準の向上、人材育成に力を入れ、女性の一人一人が活躍できる職場づくりを推進することや、オンライン婚活の支援や出会いイベントの開催、出産祝い金の支給に力を入れるとした。

転出超過の背景として「周囲からの過度の干渉や性別による役割の固定化などによる閉鎖的な雰囲気が挙げられています」とし、県で「多様性に満ちた社会づくり基本条例」を定め、個性を尊重しながら多様な価値観を受け入れられる社会の実現に向けた取り組みについて説明した。

さらに「一方で、自然豊かな秋田には多様な再生可能エネルギー源や豊富な森林資源、全国有数の食料供給力などの優位性もあります。県としてはこうした分野で存分に優位性を発揮することで県民が未来に希望や明るさを感じ、心から住みたいと思うような地域づくりに全力で取り組みます」と強調した。

東京より二〇年人口構造が高齢化

基調講演はニッセイ基礎研究所の人口動態リサーチャーの天野馨南子《かなこ》氏だった。「なぜ秋田の赤ちゃんは激減したのか」と題したレポートを交えながら、秋田県の抱える問題点を指摘した。

天野氏によると、秋田の出生減のスピードは全国一で、二三年の出生数は五三歳の人の二四%、二八歳の人の四三%、一三歳中学生の六五%にとどまるという。「エリアに残った女性への子育て支援最優先では秋田の出生減は止まりません」「どんぶり勘定で「出て行った人を取り戻そう」では何も解決しません」とし、「秋田の少子化、つまり未婚化の解消は表面的な結婚支援では解決せず、秋田の人口の未来を握るのは、就職期に秋田から流出して人口減の主因となっている、今の若者のライフデザインに寄り添う地元雇用の創出です」と指摘し、「カギを握るのは雇用です」と強調した。

さらに天野氏は、衝撃的なデータを示した。

二〇年の国勢調査によると、全国平均や東京都では最多の世代人口は団塊ジュニアを含む四〇代だが、「継続的な若年層の流出の歴史から、秋田では六〇代人口が最多の世代人口で、東京より二〇年人口構造が高齢化しています」と指摘した。つまり秋田の人の価値観は、東京の人より二〇年古い、あるいは異なってしまっている可能性がある、ということだ。

この指摘は筆者も思い当たる。秋田の町を歩き、人と接していると、「昭和の懐かしさ」を感じることが少なくない。たとえば、町並みや看板、家の造りが昭和のまま、という場所が結構ある。それ自体はよく言えばほっとするし懐かしさもあるのだが、このままのペースが当たり前になってしまうと、都会との感覚の差がどんどん開いていくことになる。

さらに天野氏はこう呼びかけた。

「多数決制の下では秋田では六〇代の意見が最優先されています。つまり「シルバー民主主義」のリスクが極めて高い。秋田から最も流出している二〇代人口との家族価値観、就労価値観の違いを確認してみましょう」

「シルバー民主主義」とは、「有権者全体の中で高い割合を占める高齢者向けの施策が優先される政治」、あるいは「少子高齢化の進行で有権者に占める高齢者（シルバー）の割合が増し、高齢者層の政治への影響力が増大する現象」を意味する。シルバー民主主義が進むと、「選挙当選を狙う政治家が、人口多数派の中高齢者層に忖度・配慮した政策を優先的に打ち出すようになる」「ただでさえ人口少数派である若年層の意見が聞こえにくい社会、つまり政治に反映されにくい」といった弊害が起こり得る。その結果、多数決制度を採用する先進国では世代間の不公平が増大することも予測される。

天野氏はさらにこう指摘した。

「若い世代の理想の家族は夫婦共働きが普通で、今の二〇代男女は全員バブルが崩壊した一九九一～九三年の後に出生しています。「背中を見て育った夫婦の姿」が上の世代とは全く異なっているのです。

若い世代では、子育て期に職場を辞めることなく一生働き続けたい女性が三分の一を超える一方、子育て期も仕事を続けたい妻と結婚したい男性も約四割になっています。男性が結婚相手となる女性に「経済力」を求める割合も増えています。男女ともに、今の五〇代以上の管理職、経営者層と、結婚や出産適齢期の三〇代前半までの男女では理想とする家族像が真逆ともいえ、行政や企業側が若い世代が抱く理想の夫婦像を無視した応援をしても、きっと効果は薄いでしょう」

さらに「日本には一七〇〇ほどの自治体がありますが、自治体が出生数を増やす、人口を減らさないことを目標にするなら、女性に選ばれる職場がなくてはいけません。雇用改革がない男性職場でいくら子育て支援、男性の育休といったところで効果が出ないのは当然であることをご理解いただきたいのです」と訴えると、会場は静まりかえった。

天野氏は秋田の現状について、最後にこう指摘した。

「秋田の企業の多くが自営だったり、同族経営だったりします。跡取りを女性にしてはだめなのでしょうか。長男を跡取りにするために、優秀なお嬢さんの能力を見逃してこなかったでしょうか?」

秋田は「高齢者の声ばかり」

セミナーの後、「シルバー民主主義」について資料を探していると、『シルバー民主主義の政治経済学　世代間対立克服への戦略』(島澤諭著、日本経済新聞出版、二〇一七年)の中にこんなくだりがあった。

寺田典城秋田県知事(当時)が〇七年、法定外目的税により年間約二五億円の税収を新たに確保した上で、それを財源にさまざまな子育て施策を実行する子育て新税構想を提起したが、その瞬間から、元々知事と対立していた県議会はじめ、地元紙や県民から反対の声が続々と上がったという。

毎日新聞も当時について「地方税の原則は応益負担で、限られた人たちのために県民の皆さんから税を徴収する子育て税は応益主義に反する」「高齢者や低所得者への配慮が足りない」といった声が、各所から噴出したことを伝えている。

結局子育て新税は撤回され、同時期に提案された水と緑の森づくり税は可決成立した。「県民の多くが矛盾を感じていなかったのは、筆者にとっては、失望というよりは大きな衝撃だった。県外の人々から見れば、秋田県民は子供より森林を選んだとみなしたことだろう。将来秋田県から人がいなくなって森林だけが残るというのはなかなかシュールだが、それが県民の選択だ」と指摘している。

「地元紙には、子育て新税の提案以来、連日読者からの反対の声ばかり掲載されていてしかも高齢者の声ばかり。新聞を購読している世帯に高齢者が多いことを割り引いても、異常事態にあるように思われた。その多くが判を押したように同じであり、曰く、自分たちが子育てをしていたころは行政からの支援なんてなかった、というものである。自分も苦労したから今の若い世代も苦労するべきとの主張に対しては、文字通り言葉を失ったものだ。その時はじめて、今で言うシルバー民主主義の猛威を目の当たりにして、将来の日本を秋田のようにしてはいけないと感じたし、日本は大丈夫だろうかという漠然とした不安が頭をよぎった。(中略)秋田県は全国を一五年程度先行しており、それゆえ秋田県で発生している人口動向から派生する諸課題は一五年後には全国レベルでも生じるだろうという直感があったからだ。(中略)日本全体がシルバー民主主義に席巻され、シルバー優遇の政治が続いてしまうことで、若者は高齢世代の前に傅《かしず》き続けなければならないのだろうか」

そのうえで、著者はこんな見方を示す。

「財政の持続可能性はそう遠くない将来に限界を迎えそうだ。(中略)しかし、成長幻想を振り撒く政権と票が欲しいだけのポピュリストたちは、日本が直面する課題を直視せず、政治ショウに明け暮れ、国民も将来から目を反らすばかり。(中略)世代間戦争の勃発は不可避であり、日本はカオスに陥る。その間隙を縫って、領土的野心丸出しの近隣諸国が侵略を開始したり、優秀な未来ある若者や優良企業が日本に見切りをつけて脱出するのが、日本の破滅のシナリオである」

この本の出版から既に七年余りが経っているが、今の状況にも通じるものがある。その後、秋田の少子高齢化はさらに進行し、その傾向に有効な歯止めはかけられていないままだ。

秋田の危機は全国に拡大する

フォーラムで講演した天野氏の著書『まちがいだらけの少子化対策』(金融財政事情研究会、二〇二四年)では、さまざまな統計資料を客観的に分析し、現代の結婚や出産、家族構成をめぐる世代間の認識の差について丁寧に説明している。その中でもこんな指摘をし、危機感を示す。

「少子化対策において、我々が戦うべきモンスターは人口構成上、その発生が顕著となっている中高年世代が持つ「アンコンシャス・バイアス(無意識の思い込み)」である」

さらにこう見通した。

「大戦後八〇年近く戦争がなく、移民も少なく「民族の危機」を感じにくいこの島国には、残念ながら平和ボケともいえる時代錯誤な「過去の常識」がいまだまかりとおっていて、その結果、気がつけば少子化・人口減少の道を驀進し、地方から順番に町が消滅していく、「国の萎縮化」のまっただ中にいる。こういう社会では、年金制度の破綻や上下水道などの行政サービスの破綻はもちろん、衣食住あらゆる面での従来システムが崩壊していくことになる。そうなると、さらに人口減少に拍車がかかる悪循環に陥り、取り返しがつかなくなるだろう」

事態の打開のために必要なこととして、こう訴える。

「人口マジョリティーである中高年層の意識改革が極めて重要である。まずは昔取った杵柄や社会に蔓延する何となくの「常識」に頼ることをやめ、若者を管理・支配しようとする発想をアンコンシャスなものも含めて排除したい」「超高齢社会において人口の数の論理で押し切ることの弊害の大きさに気づくことができる、そんな中高年にならなくてはならない」

筆者が秋田で日々暮らしていて感じるどこか懐かしい「昭和の雰囲気」は、裏を返せば、ここの社会はシニア層が大多数を占め、良くも悪くもまだまだその価値観が色濃く残る、ということでもある。若者が減る中、そのまま残されたシニア層を中心に生活している事情から、そうなってしまうのは仕方がない面もある。秋田に住みながら今見聞きしている人口減少の危機は、いずれ日本の地方の各地でも同じく直面することになるだろう。改めて目の前の現実をしっかり見つめ、記録していくことの大切さを思わずにはいられない。

第2章

迫るツキノワグマ

増え続けるクマの被害

クマ出没に注意を呼びかける秋田県作成のポスター

住宅密集地のスーパーに二日間入り込んだクマ

人口減少や少子高齢化に加えて、近年秋田では別の危機が注目されるようになった。それが「ツキノワグマ」などの野生動物が引き起こすさまざまな被害だ。

農作物にとどまらず、今や人身被害も珍しくない。秋田県ではクマとの遭遇頻度が増え、二〇二三年には都道府県で最も多い負傷者数を記録し、二四年も年末まで秋田市の中心地での出没が相次いだ。県は既に「どこに出てもおかしくない」との見解を示し、運用する出没情報のマップシステム「クマダス」のこまめな確認を呼びかけている。クマによる危険をこのままにすれば、「秋田=クマが危険」といったイメージが広がり、さらに人口減少に拍車をかけかねない。ツキノワグマ対策のかじ取りが、今後の県の発展をも大きく左右するような事態になっている。

今、何が起きているのか。各地の現場から見えてきたのは、人がいなくなった空間に、かつて追いやられた動物が徐々に、そして着実に戻って来ているという現実だ。

「クマによる人身被害。場所は秋田市のスーパー」

二四年一一月三〇日朝、こんな一報が入ってきた。住宅密集地のスーパーにクマ一頭が侵入し、従業員一人を襲って、まだ店内にいるという。その後、スーパーは一週間の臨時休業を余儀なくされた。

クマが建物に入ったといった報道は過去にもあったが、人が集まるスーパーではより危険度が増す。クマを捕獲し、さらなる負傷者を出さずに事態を収束できるのか。秋田県警や県の自然保護課、秋田市などの行政は難しい対応を迫られた。

秋田県警秋田臨港署によると、三〇日のクマの侵入発生時、品物を搬入するトラック用の積み替えエリア(トラックヤード)のシャッターが開いていた。店には約二〇人の従業員がおり、うち男性一人が刺し身売り場の近くで突然襲われ、右頭部などをかまれた。クマは体長約一mのメスだった。

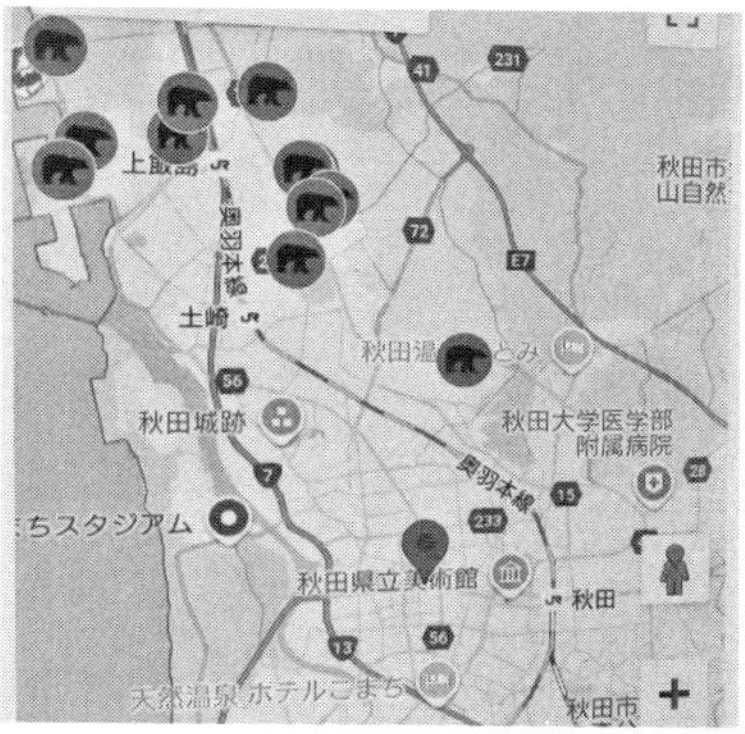

秋田県内でのクマ出没情報を表示するサイト「クマダス」

「痛い、痛い」。こう叫ぶ男性の声を聞いた別の従業員が、クマが別の方向に立ち去ったのを確認してからバックヤード(非店舗エリア)に連れて行き、現場に来たパトカーに乗せた。男性は救急車で搬送された。クマはその後も店舗を歩き回り、その後バックヤードに潜んだとみられる。

秋田市などは発生の日から店内にドローンを飛ばし、翌日の一二月一日には店舗の敷地にクマがいないことを確認。店内の四つのドアを封鎖し、クマをバックヤードに閉じ込めた。このうち二つのドア付近に蜂蜜やパン、リンゴを入れた箱わなを設置し、クマが入るのを待った。

二日朝になって、クマは肉売り場近くのドアに設置した箱わなにかかったことが確認された。署は「周囲は住宅が密集しており、店の外にクマを逃がすわけにはいかなかった。まずは店内に入る全員の安全確保を重視しつつ、慎重に手順を踏んだ。このため捕獲に時間がかかった」「(吹き矢で)麻酔をかけた後も動きが鈍るまでに一定の時間を要した」と説明した。

クマ侵入による影響は周辺にも及んだ。現場近くの「道の駅あきた港」には出没注意の紙が貼られ、有事の閉館も検討した。近くの小学校も登下校の時間を変更した。

その後、店内のクマの動きが徐々にわかってきた。ドローンを飛ばした秋田市の関係者によると、店内の花や肉、お菓子の売り場の一部で荒らされた形跡があった。クマは、店舗内では比較的狭い商品棚の間ではなく、大きく周回して動き回っていたとみられるが「毛や足跡は特段、見当たらなかった」という。

この関係者は、以前にドローンの研修を受けており、操作方法を習得していたことが役立ったという。「人が入れば危険な空間で、ドローンを使うことで中の様子がある程度確認できた」と成果を振り返る。ドローンを使える関係職員が増えていくことで人的被害の軽減につながる、という教訓を得る形になった。

また、スーパー関係者によると、クマが正面のドアから入った形跡はなく、店の裏のトラックヤードから侵入したとみられるという。店内では精肉やハム・ソーセージなどの加工肉が並ぶ棚が外れていたが、肉そのものが食い荒らされた状態ではなかった。また花売り場の花瓶が割れて倒れていた。さらに、入口の窓付近には血の跡があり、クマがどこかで負傷していた可能性があるという。「クマが店から出ようとして窓にぶつかったような跡だった」と語った。

店では捕獲・駆除の直後から清掃や消毒、商品の入れ替えを実施し、トラックヤード付近には、クマが嫌がるとされる忌避剤の液体が入ったペットボトルを吊るし、不審者や他の鳥獣の侵入も想定して、改めてマニュアルに沿った戸締まりなどを心掛けることにした。

住宅地での出没への不安

これだけ長期間店内にとどまった例は秋田では前代未聞だ。一一～一二月といえば、例年なら多くのクマが既に冬眠に入っているはずである。この時期になっても住宅地での出没が収まらない事態が、今後も繰り返されるのか──。秋田県民にとって、クマの危険がより身近に迫ってきていることを感じさせる出来事だった。

一方、二日に店内のクマが捕獲・駆除されたことで、秋田県や秋田市には県内外から苦情や提案の計一〇〇件以上の電話、メールが相次いで寄せられ、駆除について県では賛否がほぼ半々、市では約六割が反対意見だった。「クマを殺すのはよくない。やめてほしい」「逃がしてほしい」「クマは悪くない」といった声の一方、「県民の命を救うためにはやむを得なかった」「そもそも共存はできず、駆除すべき」といった内容もあったという。

各地に出没し、その後駆除されるクマの姿が繰り返し全国的に報道されることで、県内外の各所からの苦情の声が強まり、その対応に追われる職員の心身に過大な負担がかかる。行政側の関係者は「わなで捕獲されたクマの映像が伝わるほど、現場の職員が追い詰められることになってしまう。長時間の対応で日常業務にも影響が出ている」と、報道に一定の配慮を求めている。一方で、報道によって幅広い注意喚起につながっている面もあり、秋田県の各地でクマのニュースが大きく伝えられるたびに似たような事態が繰り返されている。

二〇二三年の負傷者は過去最高の七〇人

このスーパー侵入事件の一年前、二三年は、秋田県内のクマの目撃情報が急増した。人身事故も相次ぎ、負傷者の数は過去最高の七〇人に上った。これまでも負傷事例は毎年のようにあったが、二三年は特に市街地での出没が続き、多くの住民が不安を抱えて過ごすことになった。

ツキノワグマは東北各地をはじめ東日本などで出没しているが、秋田は人身被害の件数が他県より特に多い。理由について、地形的な特徴を指摘する人もいる。「隣の岩手県は山がちな地形が多くて平野が少ないため、人とクマの活動範囲の区分が比較的はっきりしているが、平野が広い秋田は人とクマとの境界があいまいで、行動範囲がクマと重なってしまうエリアが広い。このため秋田の方がよりクマとの遭遇リスクが高いのではないか」という見方もある。

筆者も一度、運転中にクマに遭遇したことがある。メディアの記者はクマが出没したり、人が襲われたりした現場に向かうこともあり、その都度クマよけ鈴の持参が欠かせない状況だ。

「背後からいきなり襲われた」「命拾いした」

秋田市内では二三年の秋、朝早く新聞配達をしていた女性が被害に遭った。早朝はクマが活発になる時間帯だ。被害を防ぐ効果的な対策は手探りで、安全確保の難しさが浮かび上がる。

「鈴を持たずに配達していたら、いきなり後ろから襲われました。まずお尻をひっかかれて倒されました。さらに右の腰をひっかかれ、左肩をかまれ、最後に、頭に爪が来たんです」

新聞配達中に襲われた女性の夫(七〇代)は、妻の被害状況をそう振り返った。

襲撃は九月二九日の午前四時一〇分頃だった。いつも配達は午前三時半頃に始まり、約三〇分で四〇世帯ほどに配る。周囲は真っ暗で人影もない。妻は「最近は目撃情報が多いから注意しないと」とは思っていたものの、この日、クマの存在にはまったく気づかなかった。

襲われて出血し、かまれた傷は最大で深さ二cmに達した。全治約一カ月の重傷だった。

男性はその後、妻に代わって配達するようになった。こぢんまりとした集落で、徒歩で回るのが効率的なため車やバイクは使わない。ヘルメットをかぶり、鈴やラジオを鳴らしながら配達している。ただ、この地域は山林に近く、再びクマに遭遇する恐れもある。

「地元には高齢者も多く、鈴やラジオの音で目を覚ましてしまう人もいます。購読者の家の人を起こしてしまっていいのかどうか」

「クマよけスプレーを常備しても、クマの足は速いんです。本当にうまく取り出せるのかどうか。たばこや蚊取り線香の煙などでクマは来なくなるのか……、それもよくわからないです」

男性はそんな悩みを打ち明けた。

「これだけ目撃情報があって危険が高まる中、みなさん本当によく配達していると思います」

秋田県内でかつて新聞配達中にクマに襲われ、頭などを負傷した別の男性はこう話す。

この男性の当時の記憶では、襲われたのはある年の九月中旬の午前三時頃だった。真っ暗な住宅地を車で配達中、降車して配達先へ歩いていたところ、正面からいきなり大きな物がぶつかってきて体に覆いかぶさった。体毛を感じ、医師の指摘もあり後でクマだとわかったが、当初は「暴漢や通り魔に突然襲われた」と思ったという。

「一分ほどの間にものすごい速さで何度もひっかいてきました。あと一〇cmずれていたら目や鼻をやられていました。立ち去った後には「あと一撃でどうなったかわからない。命拾いした」と思った。車へ戻ってから一気に傷口から血があふれてきました」

男性はそう振り返った。「ヘッドランプをつけていればクマは寄って来なかったのだろうか」「車を降りてから長く歩かないですむよう、ポストの脇に停車すればよかったのか」。いろいろ考えてはみるものの、「決定的な予防策は今も結局よくわからないままです」と話す。

秋田県自然保護課の担当者によると、クマの活動が活発になるのは午前、午後いずれも四～八時頃で、早朝の新聞配達はちょうどこの時間帯に重なる。二三年は山間部で餌が不足し、冬眠前に民家の木に実った栗や柿を狙って現れる危険もあった。担当者は「住宅街は見通しが悪く、物陰に潜むクマが新聞を配達する人と鉢合わせする可能性はある。クマを引き寄せてしまう米糠や果物、木の実を放置しないこと。収穫しない栗や柿の木は切った方が安全です」と指摘する。

さらに「音や照明は、クマに人の存在を気づかせる大きなきっかけになります。配達する際は音を鳴らし、照明を持ち、ポストの近くまで乗り物で乗り付けることなどをより意識してほしい。各家庭でもセンサーライトをつけたり、配達の際に音を鳴らすことにより寛容になったりといった意識の改革が必要です」。さらに、火事や地震の避難訓練と同じくらいの頻度でクマ対策が必要になるとして、「住民一人一人がクマの生態や行動への理解をさらに深めてほしい」と訴える。

走る速さは人の数倍

二三年は、北秋田市の中心地でも相次ぎ人がクマに襲われた。市の中心地に住む湊屋啓二さんは、偶然自宅近くの倉庫前でクマと鉢合わせになり、襲撃されてしまった。

現場はどういう状況だったのか。取材に対し、こう振り返った。

――襲われた時の状況を教えて下さい。

一〇月一九日でした。その日は北秋田市内中心部で、高齢女性や女子高生らが相次いで襲われていました。サイレンの音が騒がしくて車で様子を見に自宅の外へ出て数時間後に車庫に戻ると、二mもない距離で黒い大きなクマと目が合ったのです。

「でかい、ヤバい」と思った瞬間、襲いかかってきました。その時はTシャツ一枚で薄着

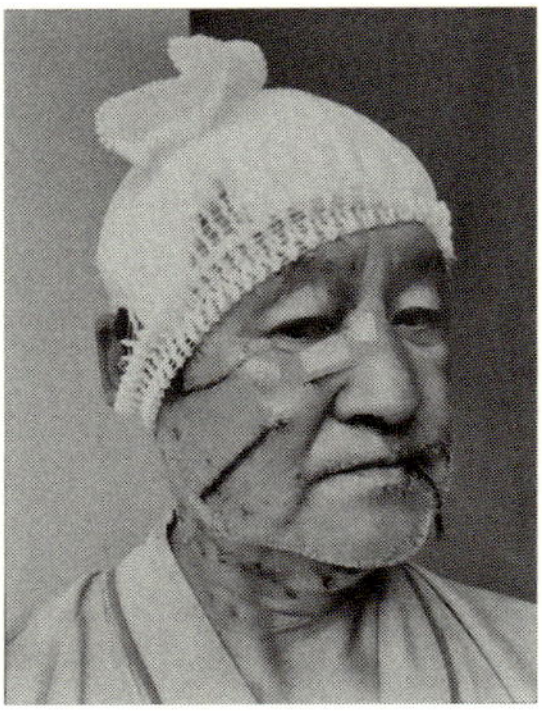

クマに襲われた直後の
湊屋啓二さん（本人提供）

でした。腕の下三カ所、腰二カ所と足のつけ根一カ所を次々にかまれました。頭や顔、背中もひっかかれた。後で気づいたのですが、右の耳たぶは切れてなくなっていました。

強く頭をかまれたり、かじられたりして、頭皮が切れて骨の一部が見えてしまっていました。出血を急いでタオルで止め、家族と警察や消防に通報しました。頭に包帯を巻いてドクターヘリに乗せられ、秋田市の病院で治療を受けました。その後応急処置をし、八日間入院して退院できました。入院直後は左目が見えなかったのですが、次第に見えるようになってきて、ほっとしました。あと数ミリずれていたらきっと失明していました。間一髪でした。

——どのようなクマでしたか。

おそらく一・五〜二mの体長でかなり大きかった。きっとオスです。頭が黒ではなく、茶色がかっていたので高齢だったかもしれません。すごい力とスピードでした。おそらく走る速さは人の数倍で、人力で対抗できる相手ではないです。まだ捕獲されていないと思うので再びやって来るのではないかと気がかりです。

——傷の状態は。

頭皮がビリビリして、突っ張るような感じですね。出血もあり、寝ていると枕に血がしばらくついてしまう状態でした。かまれた腕の付け根がまだ痛いです。歯が食い込んで、傷が深く入ってしまった。一カ月間は肩より上に腕が上がりませんでした。髪の毛も以前より抜けるようになってしまいました。

すぐに搬送してくれて病院で専門の医師に診てもらいました。医療用ホチキスで傷口を閉じ、口や目の下を縫ってもらい、眼底検査や破傷風の処置もしてくれました。病院の対応は迅速で、とても感謝しています。

——課題や教訓はどんな点ですか。

サイレンの音で何か異常があったことに気づいたのですが、最初は「交通事故かな」と思いました。近くにクマが潜んでいる可能性があるとわかった段階で、行政側や警察は住民に早く知らせてほしかったですね。近くを動き回っているとわかったら住民はとにかく家にとどまり、外を出歩かない方がいいです。移動は極力、車ですべきだと思います。

クマはまず、目や顔を狙ってきます。そこをしっかり守ることが大切です。現実的にはバイクなどのヘルメットを外出時にかぶったり、革ジャンを着たりすることで傷を浅くできるのではないかと思います。致命傷を防ぐためにもクマ用の「ヘルメット」や体に着ける「プロテクター」をぜひ早く開発し、市販してほしいです。

——急に鉢合わせて、防御策はありましたか。

秋田県の担当者は、うずくまったりスプレーを使ったりするよう呼びかけていますが、住宅地でとっさにやるのはまず難しいです。襲われて負傷しても「運が悪かった」で済まされかねません。被害者は予期せぬ形で襲われ、長期間にわたり心身に深い傷を負いますが、支援態勢はまだ乏しいです。

負傷は目を中心に頭や首に集中

湊屋さんの治療を担当したのが、秋田赤十字病院形成外科の渡邊理子部長だ。形成外科は事故などで外傷を負い、形状が損なわれた部位を再建する治療などを手がける。渡邊部長はいくつかの事例を写真で示しながら状況を振り返った。

――クマによる負傷者への対応状況を教えて下さい。

二〇〇九年から二三年一〇月までにクマによる外傷で入院したのは三一人でした。主に山菜採り、草刈り作業、栗拾い、キノコ採り、川釣り、竹やぶ作業、新聞配達、散歩、パトロールなどの最中に遭遇し、負傷していました。このうち二九人の負傷は頭や首に集中しています。例年は数件程度でしたが、二三年は一〇月だけで六人に上りました。

――負傷の状態を見て感じることは。

やはり目を中心に、顔や頭を狙われています。たたかれたりひっかかれたりして多くの傷ができたり、顔を骨折してしまう例が目立ちます。切られるというよりは強い力で皮膚と皮下組織を一緒に剝がされてしまっている感じです。中には顔をたたかれて顔の骨がばらばらになってしまった例もあります。相当な力による外傷、という印象です。

——主にどのような治療をするのですか。

動物による外傷は著しく汚染していることが多いので、一度傷口を洗ってから縫う必要があります。手術で顔の骨を直したり、受傷から数カ月後に傷を目立たなくする手術を行うこともあります。手術が複数回になることもあって、剝がれた皮膚が残っていれば縫えますが、皮膚が失われると移植手術が必要になります。

——入院の期間はどれくらいですか。

負傷の状態によって早ければ一週間程度で済むこともありますが、長いと一カ月に及ぶこともあります。何年たってもしびれなどの感覚異常や皮膚の違和感を訴える人もいます。また顔の筋肉や神経が切れてしまっていると口を動かしづらかったり、まぶたが上がらない状態が残ったりします。

——治療の現場から見て効果的な対応は。

クマによる外傷での顔面骨折はスポーツによる負傷よりも複雑になってしまう例が多いのですが、首の骨を大きく負傷したという例はあまり耳にしていません。「突然襲ってきた」と多くの負傷者は振り返っていますが、県が呼びかけている通り、いざという時に顔を覆ってうずくまる姿勢は有効だと思います。

これらの話を聞くと、一般の住民が偶発的にクマと鉢合わせ、負傷するリスクは一段と高まったと思わざるを得ない。県が呼びかける「顔を守る姿勢」だけでは、負傷は避けられないのではないか。

現時点では負傷者への具体的な救済策は一部の自治体による見舞金に限られ、対策が遅れれば、「クマが歩き回る危険な地域」とのマイナスイメージが広がり、人口減少にさらに影響が出る恐れもある。

ここまで事態が深刻化した中で身を守るには、「出没頻発地域でのヘルメット、プロテクターの開発、携行、着用」は一つの現実的な選択肢になってくるだろう。現状の防御策だけではもう限界に来ているのだ。

山間地に潜む「人を襲うクマ」　現場で死者も

主に市街地やその周辺の被害を紹介したが、郊外の山間地や県北部、また岩手や青森との県境に向かえば、さらに凶暴なクマと遭遇するリスクが高まる。

その一事例が、山菜やタケノコ採りだ。

東北では、季節ごとの山の幸を求めて多くの人たちが山に入り、それぞれの穴場で目当てのものを採る。旬のものは味がよいだけでなく、地元の「道の駅」の商品になる。一定の収入源になることから、地元の人たちのいい副業にもなっている。「山菜を売って子の学費にあて、大学を卒業させた」「農機具の借金の返済にした」。そんな話を耳にしたこともある。山菜採りは地元の人にとっては趣味にとどまらず、生活の糧の一つでもある。

そんな中、鹿角市で二四年五月、死亡事案が起きた。山菜採りに来ていた男性がクマに襲われた可能性があり、男性はその後死亡した。

だが事態はこれにとどまらなかった。救助に来た警察官までクマに襲撃されてしまったのだ。秋田県はその直後、現場周辺地域を入山禁止にし、その周知を青森、岩手、宮城、山形各県に要請した。この地域は他県からタケノコ採りに来る人も多いことから、注意喚起を県外にも広げる事態になった。

男性が死亡した現場周辺は入山禁止となった（鹿角市，2024 年 6 月）

鹿角署によると、警察官二人がクマに襲われたのは五月一八日の午後一時頃だった。二人は、この三日前に妻ら計三人でタケノコ採りに来て遭難した青森県三戸町の六〇代男性Sさんを捜索していた。その最中に、二〇代の男性警察官が顔を、四〇代男性警察官が両腕などを負傷した。

現場周辺ではSさんの遺体が見つかったが、斜面になっていて車では安全に近づけず、その後現場に近い林道の道幅を広げる工事をしてから、遺体を収容した。

秋田県が入山の禁止を呼びかけた地域は、十和田湖の秋田県側に近い小坂町樹海ライン(県道二号)沿いと、鹿角市の十和田大平地区、十和田高原地区、八幡平地区、仙北市の玉川地区の計五カ所だ。「人が集めた山菜を奪うなど、危険性が高いクマによる人身被害が発生している」として、やぶの近くや沢、見通しの悪い山地では、歩く際は鈴やラジオなどで音を出し、人の存在をアピールし続けてクマとの鉢合わせを避けるよう呼びかけた。

秋田県は緊急の対策会議を開いて、現場のクマについて担当者が説明した。この襲撃は人が持っている食べ物を奪ったり、あるいは人を食べ物と認識して襲う形の、最も危険度が高い「積極的な攻撃」だった可能性があると指摘した。

県によると、「積極的な攻撃」は二〇〜一二年の人身事故(計二四件、うち二〇件が防衛目的)のうち一件のみ。担当者は「人と食べ物を結びつける学習をした特定のクマ」だとして、今回の措置について「音などでのアピールだけでは事故を防げないクマで、そのような個体がいる場所なので入山禁止措置にした」と話した。

また、集落に生ゴミやコンポストを置かない、やぶを刈って車庫や倉庫の扉は閉める、わざと音を立てて鉢合わせを避ける、見かけたら市町村や警察に通報することを改めて呼びかけた。

タケノコ、山菜採りでクマに遭遇

Sさんが死亡した現場付近は十和田湖の南端から二・五㎞ほどに位置し、十和田湖が一望できる発荷峠展望台にも近い。一帯の林道の入口には「人身事故防止のため、この先は山菜採取による入山禁止」と書かれた看板が立てられ、近くにある紫明亭展望台の駐車場は閉鎖されていた。

この地域でタケノコ採りをした経験がある鹿角市の五〇代男性の話では、この一帯は比較的平らで、味のいいタケノコやワラビが採れる場所として知られることから、秋田県内にとどまらず青森、岩手、宮城の各県などからも農業関係者らが頻繁に訪れる場所だという。

2016年5～6月に4人がクマに襲われて死亡したとみられる現場周辺の道路で筆者が遭遇したクマ（鹿角市の田代平付近，2024年6月）

だが、現場は草木がうっそうと生い茂り、方向感覚を失いやすい。「やぶの中を一〇〇ｍも入ると、迷ってしまう危険がある。せいぜい中に入るのは道から五〇ｍくらいまでが限度」と男性は話す。この地域はクマの行動範囲にも重なり、「旬のタケノコをめぐって人とクマが行き交い、鉢合わせが起こりうる場所」だ。やぶにはマムシやハチも潜んでおり、危険と隣り合わせだ。

筆者がクマ一頭に遭遇したのも、この現場に近い鹿角市の北部を取材で走っている時だった。この時はただ二〇秒ほど向き合っただけで立ち去ってしまったが、数年前にこのあたりで襲われて死者が出たと聞き、背筋がぞくっとした。山の中を走るとスマホの電波が通じない場所に入ってしまうのだが、そこで万一エンストや脱輪、ガソリン切れで車が動かなくなれば、別の車が来るまで車内にとどまって待つしか方法がない。もし誰も通りかからず、車から降りて歩き回ればクマに遭遇してしまうかもしれない。「車から降りただけで危険が増す」と、心中穏やかではなかった。

地元の人からは「クマは基本的に雑食なので、一度人を襲うと餌だと認識し何度も襲ってくるようになってしまう。山菜採りには決して一人では出かけず複数で行く方がいい」と助言された。

襲撃の現場で何が起きていたか　関係者の証言

クマ襲撃の現場では、実際には何が起きていたのか。死亡したSさんの知人をたどり、関係者に話を聞くことができた。

一人目は、Sさんの長年の山菜採り仲間である青森県三戸町の五〇代の男性だ。当時の状況をこう振り返った。

Sさんや警察官二人が襲われた現場は、十和田湖の南端から南に約二・五㎞の山林です。樹海ラインからそれて、林道を南に進んだ所です。あの辺は車で降りてすぐの竹やぶにタケノコが生えているのでタケノコを採りやすいのです。旬の季節はいいタケノコが三〇kg、六〇kgと採れるので、かつては岩手県の人が採りに来て売り、そのお金で家が建てられるほどだった、と聞いたことがあります。

この現場から東に約六㎞離れた鹿角市の「熊取平」や「田代平」(いずれも青森県境付近)といった地域は、二〇一六年五~六月にタケノコ採りなどで訪れた四人が死亡し、いずれもクマに襲われたとみられています。今回の現場もそこから割と近い。しかし当時の襲撃事案でその一帯が入山できなくなったため、Sさんに教えてもらって、私も今回の発荷峠付近の現場でタケノコ採りをするようになりました。

私の印象では、このあたりのクマは音を出しても逃げないし、クマよけスプレーを持参しても竹やぶなので、自分にはね返ってきてしまうだけで効果はほぼ期待できません。私も「何か事故が起きたら自己責任」という覚悟で入ってきました。

タケノコ採りはみんな朝早く、六時には既に始まっています。私はSさんの行方がわからなくなった五月一五日、朝六時頃からウドを採り始めました。Sさんもこの日あたりが採るのにちょうどいい日だと知っていたので、互いに下見をしたうえで「一五日がちょうどいい」と同じ日に現場に行き、たまたま近くをすれ違ったのです。

ある林道を通りかかると、そこに見慣れたSさんのリュックがあり、そこから「ファン、ファン」と音が鳴っていました。「あ、Sさん、この近くにいるな」と思い、「おーい」と声をかけると「今行くー」と山林から返事がありました。

ただその直後、Sさんの方から「あちゃー!」と声が聞こえました。「いつもの冗談だろう」と聞き流し、そのまま私は別の場所に行きましたが、その後Sさんの連絡が途絶えてしまいました。数時間たってもSさんが戻らないことを不審に思った家族が知人に伝え、その日に警察に通報しました。その後警察や消防の捜索が始まったのです。

私は翌日Sさんが遭難したと知り、心配になって再び現場付近に向かいました。本当はすぐに見つけたかったのですが、警察から「行かないで下さい。あなたは家族ではないので」と行くのを止められてしまった。「本人と言葉を交わしている。あの辺にいるはずだ」と伝えても、警察や消防は天候不良もあって二日たってもSさんを発見できませんでした。

捜索の合間に、近くでタケノコを採っている消防隊員を見ました。警察はそれを知っていたのに、注意もしていませんでした。警察や消防の救助隊員の足元を見たら、山林に入って捜索したような衣類の汚れはほとんど見られなかった。人命がかかる緊急時なのに、憤りを感じました。

一五〜一七日は捜索しても見つからなかったので、一八日に私は朝から仲間と二人で改めて探しに行きました。思い当たる場所で、竹やぶをかき分けて探し始めてわずか一〇分で、私はSさんの遺体を見つけることができました。Sさんは長靴を履いた状態で、おそらくクマに引きずられたりしていません。その場で襲われたと思われます。

私が場所を捜索隊に伝え、その後一〇人ほどの捜索隊が遺体を担架で運ぶ途中、二人の警察官がクマに襲われてしまったのです。

この現場の近くでは「ウー、ウー」という（鳴き）声が聞こえました。きっとクマです。二人が襲われた直後、別の捜索隊員はただ走って逃げるだけでした。二人の警察官が顔などに深い傷を負ってしまいました。

防止対策はほとんど取られず

今回の現場の近くでは二年前にも、クマに襲われて負傷した人がおり、近くには注意を呼びかける看板が立てられていました。このあたりには木材搬出のためのブルドーザーの道ができており、クマの行動範囲や竹やぶは徐々に狭まっていた。襲撃はまた起きる可能性が高く、当時から危険が認識されていたのに、林道は封鎖されることもなく、防止対策はほとんど取られていなかったわけです。

安全のために装備を固めたはずの警察官や消防隊員は、こうした現場の捜索にほとんど不慣れであったことが露呈したと思います。これ以上死傷者を出さないためには、こうした襲撃のリスクがある地域の入山での遭難は、人員や態勢に限りがある警察や消防は現場で対応せず、入山者の自己責任とすることも一つの対策です。タケノコ採りは、クマの餌場、活動領域に自ら入っていくようなもので、元々危険度は高いのです。クマが出そうな山で山菜やタケノコ、キノコを採る人は、そういうリスクを十分承知の上で山に入るべきです。

竹やぶでクマに遭遇したら、スプレーもナイフも効果は薄い。致命傷を防ぐために顔や首を手で覆う姿勢で急所を隠すべきだと行政は広報していますが、いざとなればあの爪でひっくり返され、腰をかじられるでしょう。いったん狙われ、襲われたら無傷ではすみません。唯一効果的なのは、長い棒くらいです。

Sさんは私の二〇年来の友人でした。私が第一発見者になってしまい、今は何とも言えない複雑な心境です。

一連の事故の対応について、秋田県警鹿角署にも当時の状況を聞いてみた。

発見者の男性を早くから現場に連れて行かなかったことについては「第三者の方を連れていくとそこに（新たな襲撃などの）危険性が生まれるので、捜索隊以外の人を連れて行くことはまずない」と説明した。また「個別の現場によりけりだが、助けを求めている方がいればそこに捜索に行く必要がある」としつつも、「難しいものはあった。どういう方法が一番いいのか検討しながら今後は現場に入る形になる」とコメントした。

また、鹿角広域行政組合消防本部は「タケノコ採りでの遭難の現場については隊員も不案内で、隊員がさらに遭難しては大変なことになる。現場の状況に合わせて方針を決めていた」という。今後については「今までのように（こうした現場に）すぐに職員を投入することについての是非を消防としても検討している」と説明した。

周辺一帯は「クマだらけ」

実は当時の状況について、もう一人詳しい人がいた。現場周辺の山でタケノコの仲買をしていた八〇代の男性だ。Sさんと長年の知り合いだった。

男性は、現場周辺の山の特徴についても言及した。

私はタケノコや山菜採りのシーズンには、朝から樹海ラインに面した小屋にいて、入山者から一〇〇〇円の入山料を取っています。入山料は山の持ち主に払い、こちらはその分け前をもらっています。現場のあたりではいいタケノコが採れるので、県内外から多くの人が訪れていました。クマに襲われて亡くなったとみられるSさんとは長年の知り合いで、Sさんはここには三〇年近く来ていました。

私はタケノコ売りの仲介もやっていて、現場で採れたものを一kgあたり六〇〇〜七〇〇円で買い取り、必要な人に一〇〇〇円ほどで売っていました。一五日はちょうど今季の買い取りを始めた日で、朝四時半頃には人が集まり始めた。Sさんのように売れるタケノコを採れる人は、入山料は無料で、Sさんには「今日は最初のタケノコを卸すから」と伝えていました。

Sさんは家族ら三人で車で山奥に入ったのですが、時間になっても戻らなかった。心配になった家族から「お父さんが帰ってこない」と話がありました。それで私が鹿角署に通報して、その日に警察が現場付近のリュックなどを回収したのです。

その後二日間は見つからず、一八日に私の仲間の男性が改めて探し、Sさんの遺体を見つけました。その後運び出そうとした二人の警察官がクマに襲われて負傷しました。さらに現場周辺の道路を工事したり、竹やぶを刈り払ったりした末、だいぶ時間が過ぎた後にＳさんの遺体を収容したわけです。警察や消防も現場の状況には元々不慣れで、結局自力では探すことができませんでした。

私はこの地域を四〇年以上見ていますが、この一帯はいわば「クマだらけ」と言っていい。襲われた現場付近にはおそらく、タケノコを食べるクマの巣がいくつかあったと思います。オリをいくつか置いたところで、捕まえるのはかなり難しい。

このあたりのクマが一番動き回るのは午前三時頃と、夕方の五時過ぎ。夕方はまだ明るいが、人の気配がなくなると動くようになります。人を見ても怖がらず、爆竹を鳴らしても逃げやしません。クマよけスプレーも広い場所でなければ効果はありません。

私は樹海ラインを横断するクマに六〇回以上遭遇しています。発荷峠の展望台付近でも一〇回以上見ました。減らすには駆除が必要ですが、このままではこの一帯ではますます増え、今回の入山禁止の措置もあって山菜やタケノコを採る人は減っていくことになるでしょう。

筆者も取材で、この地域の周辺を何度か車で走った。地元の人から「このあたりは一つの沢ごとに主のようなクマがいる。そいつは人を恐れないぞ」と聞かされた。走行中はスマホの電波が切れ、道路の両側には深い森が広がる。筆者は神仏をあまり信じないが、この山の深さを見ると「山の神」の存在を意識せざるを得なかった。山には人を寄せ付けないクマが動き回っており、遭遇すれば襲われるかもしれない。車のハンドルを握って両側に広がる薄暗い森を見ながらそう想像し、思わず身震いした。秋田には、人が入ってはいけない、あるいは入ってしまうと痛い目に遭う山が、確実にいくつもあるのだ。

狙われた特産栗の林　収穫も命がけ

クマの大量出没が相次いだ二三年は、「日本一大きな栗」とも称される秋田県仙北市の特産品、「西明寺栗《さいみょうじぐり》」の林がツキノワグマの「餌場」にされ、収穫がほぼ半減してしまった。栗林の周辺では頻繁にクマが行き来し、一人では収穫に行けない状態になった。恐怖心からまったく収穫できなかった生産者もいる。有効な対策は見当たらず、関係者は危機感を募らせていた。

「この辺は一部が枯れた栗の木が結構ある。近くを車で走ると時々クマが飛び出してくるんだ」

西明寺栗の生産販売事業協同組合幹部の男性(七〇代)が栗林を歩きながらこう語った。筆者と二人で周囲を見て回ると、栗の木の周囲には深い杉林が広がり、いつどこからクマが出てくるかわからない。車を降りる前にまずクラクションを鳴らし、ラジオを大音量でつけっぱなしにした。鈴を鳴らしながら歩き、大声で会話するようにした。

林の奥には、枝を折られて一部が枯れた木もある。「割と下の太い所から折られています。すごい力だ。収穫時期だが一人では危なくてこのあたりは歩けません。今までこんなことはなかった」。

この一帯ではクマがまれに姿を見せる程度だったが、二三年は出没が急増していた。ほぼ連日のように周囲に現れ、九月には草刈りで栗林に入った男性が襲われて負傷した。

西明寺栗は、三〇〇年以上前に京都の丹波地方や岐阜などから種を取り寄せて栽培したのがルーツだ。病害虫に強く、その後も改良が重ねられた。大きいものは一粒で子どもの拳《こぶし》ほどに成長する。煮たり焼いたりして食べる以外に、焼酎や菓子の原料としても加工されている。長年知名度が低かったが、生産者の地道な宣伝が功を奏し、ここ一〇年余りで徐々に県内外で知られるようになってきたさなかの食害だ。

「栗がクマに狙われ、まるで集中攻撃を受けている感じです。収穫も命がけですよ」

協同組合の幹部はこう話した。組合は約三五ヘクタールの栗林から年間約三〇トンを生産してきたが、クマの影響で例年の約半分に減るだろうと見立てていた。

生産者の高齢化に加え、襲撃を懸念して収穫できなかった林も相当あり、経済的に大きな損失を被った人もいる。安全対策を頻繁に話し合っているというが、「爆竹を鳴らした途端、木からクマがあわてて下りてきて逃げていったことが何度もありました。そのくらいクマはすぐ近くにいます。「クマが怖い」と収穫をやめてしまう人が出てくればブランドの存続にかかわります」。

クマは嗅覚が強く、中に虫が入ったものは口にしない習性があるという。結果として商品価値が高い栗ばかりを食べてしまい、高品質の栗を一定量確保することはさらに難しくなった。

現場からは「大事に備えて撃退スプレーも購入しましたが、クマは急にやぶから飛び出すこともあるので、噴射が本当に間に合うのだろうか。クマも生きるために死に物狂いで、素手で追い払える相手ではありません。来年以降もクマの危険にさらされることになれば、さらに栗の価格を上げざるを得ません」という声が上がっている。

伐採される栗や柿の木　変わる風景

こうした事態を受け、クマの出没が頻発する地域では自治体が補助金を交付し、栗や柿などの木を伐採する動きが広がった。

人身事故も発生した鹿角市では、二四年度から民家の周囲に植えた柿や栗の木の伐採希望者に補助金を交付する事業を始めたところ、市民から応募が相次いだ。クマが家に近づいて鉢合わせするリスクがあり、昔から続く農村の暮らしに根ざした風景が徐々に変化してきた。

この事業は「緊急ツキノワグマ誘引樹木伐採事業費補助金」。柿や栗の木一本あたり五万円を上限に伐採費を補助する。応募する市民は主に郊外ではなく住宅地に暮らす。「クマが来るので何とかしてほしい」との声が多いという。市民がクマ対策費として寄付した五〇〇〇万円を原資に創設した基金を活用したが、当初予算に計上した額は底をつき、その後予算を追加した。

鹿角市花輪の鹿角高校近くで、伐採の様子を取材した。

作業員が木の根元に電動のこぎりの刃を当てると、一気に木屑が噴き出した。早朝から高さ約二〇mの栗の木の伐採作業が始まり、約二〇分で巨大な木が横に倒れた。

地元で造林などを手がける業者の関係者は、請け負った伐採作業はやや栗が多く「この辺のクマは幹をひっかいたり、木の上に葉を重ねて棚を作ったりして実を食べ尽くすので、クマがいたかどうかは割と簡単に見分けられます」と話す。周囲の家に配慮して、切り倒す方角を工夫するなど伐採が難しくなる場合もあり、「高額だと一本三〇万円近い請求になる場合もあります」という。

「この栗の木は樹齢四〇～五〇年で、毎年ものすごい量の実がなる。切るのは惜しくてしかたないですが、家族の安全を考えると伐採はやむを得ません」

伐採を依頼した地元の七〇代の男性は嘆いた。

男性は「クマはトウモロコシやリンゴも好きで、リンゴが全部やられて栽培をやめてしまった人もいます。成熟するまでに収穫してしまう必要があります。家族が家から出る時に、まず玄関からフライパンでカンカンと音を鳴らしたり、笛を吹いたりすることもありますよ」と話す。

鹿角市は県内でも特にクマの出没が多い地域として知られるが、鹿角高校付近では近年出没が相次ぎ、登下校中の生徒がクマをスマホで撮影できるほどの距離にまで近づいたこともある。市の担当者は「大量に出没した二三年は、市内の柿や栗の木の相当数がクマに狙われました」と話す。「秋田の農村では、秋の食を豊かにしようと家の敷地内に柿や栗を植えることが昭和以前から一般的でした。ですが近年は実を食べる人が減り、そこにクマが入り込んできているのです」といい、「実を食べきれずに柿や栗を放置するようになってしまった私たちの暮らし方や、土地の使い方の整理が必要な時期に来ています」と指摘した。

地元の小中学校には「クマよけ鈴」

子どもたちの生活にもクマの出没の影響が出ている。「クマよけ鈴」を配付する自治体も少しずつ増えてきた。

たとえば鹿角市では児童・生徒がかばんなどに鈴をつるして通学する風景が日常化している。導入のきっかけは一九年秋の被害だった。花輪地区の中学校の敷地に近い林の中にある階段を通って通学中だった中三の男子生徒がクマに耳をかまれ、軽いけがをした。当時の報道によると、生徒は一人で階段を降りていたところ、前方に座っていたクマを発見。クマが向かってきて転んだ男子生徒に乗りかかり、かみついて立ち去ったという。

これを受けて市は、低音が鳴る鈴約一九五〇個を購入した。二二年度から本格的に市内計一〇校の小中学校の児童・生徒に配り、クマが出やすい四～一二月は鈴を鳴らしながら通学するよう呼びかけた。当初は「商店街などを歩く時に恥ずかしい」との声もあったが、鈴は人の多い場所などでは鳴らないようにも操作でき、次第に違和感なく地域で受け入れられるようになったという。

市の担当者は「クマは二、三〇年前は山奥の畑で見る程度で、普段市内で目にすることはありませんでした。ですが最近は学校によっては七、八割の児童や生徒が「見たことがある」と答えるほど近い存在になってきています。鈴を貸与し始めてからは通学中の被害は今のところ起きておらず、一定の効果が出ているのではないでしょうか」と語る。

「既にクマが出すぎていて、警察に通報すると事細かく状況を聴かれるのを面倒に感じる市民も少なくありません。警察が発表する事例は氷山の一角でしょう」。クマに詳しい市内の関係者は取材にこう語り、「鹿角のクマは山にとどまるものと、市街地に居着いて繁殖するものの二極化が進んでいます。市街地付近で行動するクマが増えると、駆除するハンターにはより高度な技術が必要になり、緊急時に備えた行政側の対応も課題になってくるでしょう」と指摘する。

クマの防護道具にも注目が集まり、ホームセンターなどで関連商品が見られるようになった。秋田市の大規模ホームセンターの入口の目につきやすい場所には関連商品が並んでいた。クマの人里での出没が目立ち始めた夏頃から商品の売れ行きが伸び、一部は頻繁に売り切れている。

まず多く手に取られるのが鈴だ。売り上げは出没が相次いでから急増した。担当者は「大きなもの、より高価な方が大きな音が出ます」。早朝や夕方に自宅近くを散歩する人を中心に、携帯ラジオや防犯用アラームを買い求める人も少なくない。釣りなどで山によく足を運ぶ人の中には、ホイッスルを常備する人もいる。

さらに目を引くのが爆竹だ。激しい音でクマを追い払う効果が期待されるが、クマが近づいて来てから鳴らすまでに時間がかかる。そこで「とっさにポケットなどから取り出せる」と注目されているのがおもちゃの火薬銃だ。元々は害鳥を追い払うものだが、筆者の取材時には売り切れ寸前の状態だった。

また、店頭には米国製の撃退スプレーが並んでいた。主な成分は唐辛子で、五〜七秒の噴射で八ｍ先まで届くという。

迫られるハンターの世代交代

各地では市街地での駆除も想定して、訓練が実施されるようになった。これまでは規制によって猟銃の使用は難しかったが、背に腹は代えられないほど事態は切実になっている。どうしたら迅速に危険を避けられるのか。関係者の模索が続く。

同時に対策が必要なのが、年々高齢化が進む狩猟者の世代交代だ。秋田県はツキノワグマ、カラス、サル、イノシシ、ニホンジカといった、農作物の食害や人身事故の原因になる有害鳥獣を捕獲する狩猟者の育成を急いでいる。人口減で動物の行動範囲は拡大した。県は「狩猟免許や銃の所持許可を取得したら、ぜひ市町村の被害対策に協力していただきたい」と呼びかける。

「ドーン、ドーン」。二三年夏、由利本荘市の県立総合射撃場では、多くの参加者が見守る中、左右から順に飛んできたクレー(円盤形の皿)をハンターが一つずつ正確に撃ち落とした。手慣れた技術に驚きの声が上がった。

このイベントは、県が開いた「狩猟の魅力　まるわかりフォーラム」。ビームライフルやシューティングシミュレーターを使った射撃訓練を体験でき、シカやイノシシの肉を使ったカレーライスが振る舞われ、狩猟免許取得の相談窓口も設けられた。

県によると、イノシシやニホンジカなど以前は県内にいなかった野生動物が確認されるようになった。生息域の拡大や個体数の増加を防ぐには被害が拡大する前に捕獲が必要だと、イベントでは関係者が「野生鳥獣の適正な管理の担い手として狩猟者の育成は喫緊の課題になっている」と訴えた。

秋田県猟友会の構成員は二三年三月末現在で一四七一人。七〇代以上が四四％を占めている。県の狩猟者登録数は約一七〇〇人で、一四年からほぼ横ばいだ。猟友会の会員の多くが自治体の要請を受けて出動する「鳥獣被害対策実施隊員」として活動しているが、緊急時に機動的に対応するには、人数の維持や人員の育成が欠かせない。

また、事態が深刻化するにつれ、広がってきているのが農家の電気柵の設置だ。

「ワイヤは地面からの距離を一定にして下さい。農作物のおいしい味を覚えたクマは執念深く、地面を掘ってでも中に入ろうとします。ポールは四m間隔で。だいたい六歩の歩幅です」

二三年夏、秋田県横手市の県果樹試験場で開かれた研修会で、電気柵を扱う北海道の業者の説明を地元農家の人々が注意深く観察していた。電気柵は田んぼや畑の周囲を囲うように設置し、電圧三〇〇〇ボルト以上の電流をごく短い間隔でワイヤに流して、触れた動物に電流で痛みを与えて退散させる仕組みだ。動物の特徴によって、ワイヤを張る高さや位置を変化させる。

業者によると、西日本を中心に特にイノシシやサル、シカによる食害が深刻で、農業県の千葉県などでも被害が増えている。電気柵を一部の農家が設置すると、動物は柵のない別の畑に向かうため、周囲の農家も設置せざるを得なくなっているのが実情だという。

秋田県や青森県ではイノシシやシカの生息が周辺県ほどは多くないため、電気柵の普及はまだ初期段階だが、今後各地で設置が広がる可能性が高い。

クマは一般的にトウモロコシやスイカ、メロン、イチゴ、リンゴ、ナシ、蜂蜜、シャインマスカットなどを好み、一度味を覚えるとどんな手段を取ってでも「また食べたい」と強く思うようになってしまうという。果実にとどまらず、枝まで折られることがあり、被害が数年に及ぶ恐れもある。県の担当者は「捕獲以外の方法で農作物を守るには音や光の装置だけでは継続性に限界があり、電気柵の設置がより現実的だ」と対策を促している。

クマと人　共存の模索

二三年の大量出没によって駆除の件数が増え、クマの肉も多く獲れたという話が話題になった。「冷蔵庫の中はクマの肉でいっぱい。あふれるほどだ」と関係者から耳にしたこともある。秋田の山奥ではクマの肉を口にする人も少なくない。「クマ肉」の自動販売機も実在する。

秋田新幹線などが通るＪＲ田沢湖駅（仙北市）近くの物産館「田沢湖市《いち》」の出入口付近にクマ肉販売機が置かれるようになった。新幹線の利用客が主に買い求め、関東地方から通販で取り寄せたい、という問い合わせも入るという。「二四時間営業中　ツキノワグマ　熊肉　二五〇ｇ　二二〇〇円」。自販機には価格などと一緒に、赤身と脂身たっぷりのクマ肉の写真も表示していた。

販売する肉は、地元猟友会のメンバーが市内の山で捕獲し、食肉処理施設で加工されたものだ。秋田土産にしてもらおうと、田沢湖市《いち》にある飲食店の関係者が設置した。クマの狩猟期間が限られるため、時には品切れになることもあるという。担当者は「くせがなく、冷めても柔らかいのが特徴。煮込みなど幅広く味わえる」と話す。

元々クマはマタギ（東北、甲信越、北関東地方で伝統的な手法で狩りをする猟師）の間では、余すところなく利用されてきたという。だが近年はそのバランスも崩れてきた。クマにも生活の範囲がある。だが人の生活圏と重なれば、不幸な結果が引き起こされる。共存の模索が続いている。

近年のクマ問題には解決策はあるのだろうか。二四年三月に秋田市で開かれた講座で、専門家が見解を示した。

まず発表したのは、森林の成り立ちや構造、動態の研究が専門で、東京大学農学部、旧環境庁国立環境研究所研究員などを経て秋田県立大学生物資源科学部教授を務める星崎和彦氏だ。「秋田県野生鳥獣保護管理対策検討委員会」会長でもある。

星崎氏は出没の現状についてから話を始めた。

二三年度に秋田県内での目撃件数は過去最高の三六〇〇件超に達したが、目撃情報の増加傾向が顕著だ。一九九五～二〇〇〇年は年間一〇〇件を下回る程度だったが、〇一年には二〇〇件近くに増え、〇四年頃から二〇〇件ほどになった。一〇～一五年には五〇〇件を上下するようになり、その後は一〇〇〇件を超えている。六〜七年おきに一気に増加する現象が起きている。

人身被害も増えてきて、一五年までは県内で数件から二〇件、一〇件起きると多い方だった。事故の半分以上はタケノコ採り目的など山奥が現場で、「ばったり遭遇」が多かったが、一九年になると秋田市の市街地で人身事故が起き、二三年には住宅地やその周辺のものが五三件に達した。二三年の大量出没の要因としては、木の実が例年より極端に少なかったことにより山奥の個体が里に下りてきた、暖冬だったことで越冬の成功率が高かった、などの可能性がある。

対策を講じるためには、実態把握が欠かせない。個体数や捕獲数、データのない死亡率をいくらに仮定するかによって捕獲効果は異なり、個体数をより厳密に計算する必要がある。

続いて星崎氏は、クマが市街地に出没するようになると、一体何が起きるのかについて述べた。一六年に秋田市の外旭川地区で実施した住民アンケートでは、この年から過去三年の間に「何らかの影響があった」という回答が約四割に上った。「外出を控えた」という声が約三割、「農作業を含め、仕事に影響」が約一割で、里山により近いエリアで起こっていた農林業や生態系への影響というより、むしろ社会生活の質の低下に影響したことがわかった。

また、住民が目撃しても警察に届け出なかった事例は多く、実際には警察の把握数の二倍近くに達していたという。

人口減少や集落の衰退でクマの行動域が拡大か

さらに星崎氏はこう指摘した。

「秋田は、いわば世界一の速さで人口減少が進んでいます。一六年に県はクマの推定生息域を見直しましたが、拡大した地域は主に九〇年代に衰退した集落の地域にほぼ重なります。背景を探ってみると、人口減少や集落の衰退がクマの行動域の拡大を招いているともみられ、過去の高度成長とその後の社会衰退の副産物という面もあるでしょう。

こうした流れに拍車がかかれば、今後は人の生活に近い「里山」を拠点にするクマが増え、里での出没が七、八年以内には常態化してくる可能性があります。二三年のような大量出没が再び起きるとみられ、果樹やコメの食害やスギの人工林で樹皮が剝がされる被害が増えかねません。また、高齢者の減少で山菜採りでの鉢合わせは減ったとしても、今後はキャンプ場での人身被害に備える必要があります。特にソロキャンプは安全に注意するべきです。

仮に大量出没が起きたとしても、捕獲を続けるだけでは終わりがありません。クマが近づくのを嫌がる環境づくりが求められます。草刈りや間伐に力を入れ、人の生活感をクマに示していくことが必要だと思います。

秋田のクマの問題は七、八年前とは様相が変わってきました。捕獲の継続は消耗戦で、高齢化や担い手不足で携わる人も今や手いっぱいで、対処はますます困難になりかねません。人口減少が進む中、今後は地域のことに最も詳しい住民が、どこで何に困っているのかをしっかり共有しなくてはいけません。その上で地域として何を優先し、自分たちで何を負担し、行政に何を求めるのかについてしっかり議論や合意をし、行政を頼りきりにせずに自発的に対策にかかわっていく必要があります」

最後に星崎氏が強調したのは、クマの問題は行政の自然保護課や農林課などだけでは対応しきれない住民自治の問題に変わってきているということだ。行政の担当者だけでなく小中学校や町内会、警察、JAなどの利害関係者とも情報を共有する場を設け、密に協力して地域の困りごととして柔軟に対応していくことが重要で、「クマ問題は地域づくりの課題そのものとなった」という。

「早く動かないと手遅れになるかもしれません。できることから「オール秋田」の取り組みが求められてくるでしょう」

クマによる負傷の特徴は頭と顔の重傷

続いて発表したのが、秋田大学医学部附属病院の中永《なかえ》士師明《はじめ》・高度救命救急センター長だ。中永氏は救急医学やライフサイエンスが専門で、奈良県立医科大学、米セントルイス大学などを経て現職に至る。中永氏は、医学的な立場から注意を促した。

二三年のクマの出没頻度は異常で、秋田大学の敷地一帯にとどまらず、県内の病院にも侵入するなど、より近い存在になってきた。

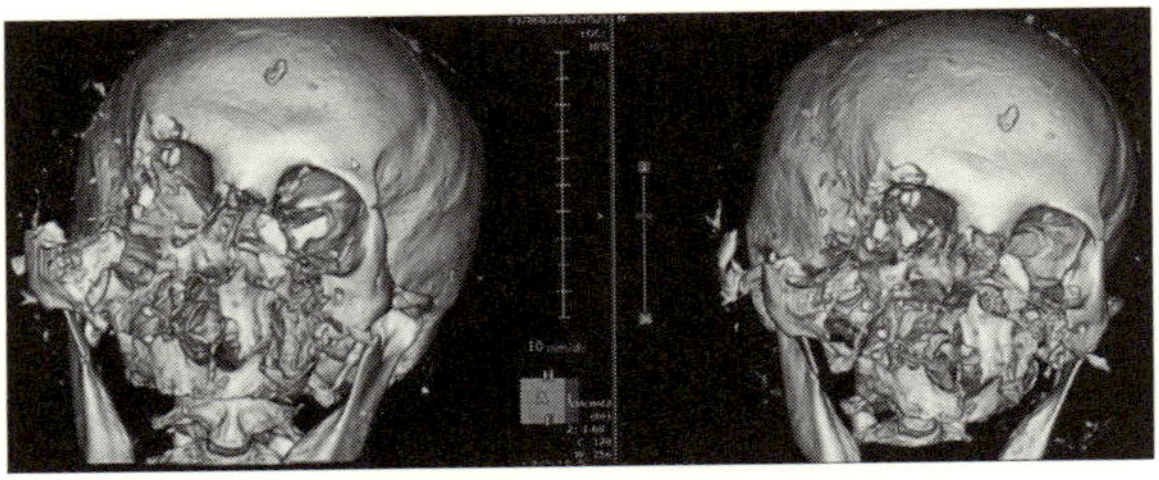

クマによる強い衝撃によって砕けた負傷者の顔面の骨
(秋田大学高度救命救急センター提供)

重傷患者を治療しているここのセンターで対応した外傷は二〇件あり、内訳は、男性一三件、女性七件で、年代別では多い順に七〇代、八〇代、六〇代と続く。状況別では農作業が六件、散歩が五件、植林や排水溝関連、新聞配達、ゴルフ場での仕事中がそれぞれ一件、自宅敷地内と山菜採りが二件ずつで、九五%が偶然の遭遇だった。月別では一〇月の七件が最多で、九月が四件、七月が三件、五月、八月、一一月は二件ずつだった。

被害場所は市街地、田畑など生活圏が四分の三、山間部が四分の一で、生活圏内への侵入がうかがえる。人の活動の音に慣れ、苦手とされてきた犬を怖がらなくなっているようだ。

さらに中永氏は続けた。

「クマによる負傷の特徴は、ほとんどが頭と顔の重傷であることです。特に幼い子どもなどが負傷するととても気の毒な結果になってしまいます。死亡例はありませんでしたが、相当な力で顔を切られて大量に出血したり、鼻を落とされたりするなど硬軟組織が複合して損傷しています。爪が体内に入ってしまうこともありました」

山奥で負傷した場合、病院に来るまでに長い時間がかかる例も多い。一人でいるときに負傷すると現場から歩くしかなく、その後自力で助けを求めてドクターカーや救急車、ヘリで搬送されるため、皮膚と骨の傷の化膿がかなり進んでしまうこともある。

高齢だったり、疾患を抱えた状態で襲われると、さらに状態を悪化させてしまう。病状によっては一カ月以上の入院を余儀なくされることもある。負傷によって、眼球破裂の失明や顔の神経のまひ、嗅覚障害、唾液漏れ、治療の難しい慢性的な痛みが生じることも少なくない。

回復後も「栗拾いに行けない」「もう畑に行きたくない」「散歩が怖い」といったＰＴＳＤ（心的外傷後ストレス障害）などを引き起こすケースもある。体が負傷した後の心の傷は深刻で、自失状態となったり幻滅の心情を抱えたりしながら長時間かけて気持の再建を目指していかなくてはならないという。

ヘルメットなどの頭の防護具が有効

対策についてはこう指摘した。

「外傷を防ぐには、予防、治療、事後対策の三つが大切です。まず予防は、収穫しない柿や栗の木は整理し、生ごみはこまめに捨ててクマを寄せ付けないこと、さらに出没情報に注意し、子グマを侮らず、近寄らない、また外傷の特徴を知る、ということが大切です。また治療の面では、負傷しても落ち着き、救急車を要請することやドクターカーの活用を検討していただきたいです。事後対策では、心理的な気持の切り替えの支援などの後遺症対策も重要になってきます。

予防の面では、クマが出没しそうな場所にいる場合は顔を覆うことができるヘルメットやライダースーツなどの着用が望ましい。クマよけのスプレーも市販されていますが、いざという時にはとっさに取り出すのはなかなか難しいでしょう。ヘルメットやスーツを頻繁に着脱するのは手間かもしれませんが、顔や頭をまずガードすれば傷は浅く済みます。もう少し簡便に着用でき、防弾チョッキのような材質の新たな防護具の開発を県などの行政には期待しています」

中永氏の指摘は、うなずけることが多かった。特に防護ヘルメットの開発は喫緊の課題だ。秋田県警の一部の署から導入する動きがあるが、まだ実際の効果は検証されておらず、手探りの状態が続いている。

度重なるクマ被害を経験してきた秋田県は今、鳥獣対策において、全国的にもこれまで経験したことのない事態に直面している。秋田でのさまざまな取り組みは、クマのリスクを抑え、共存につながるだろうか。それともその脅威が市街地に及び、住民の不安は続くのだろうか。今後、日本全国各地で起き得るだけに、県内各地で起きていることやその対策は、世界的にも注目に値するものになる。

第3章　しょっぱさの壁

豊かな食文化と塩分

減塩を呼びかける「秋田県の中高年男性に告ぐ！六つの戒め」ののぼり（秋田市役所で）

「しょっぱい味」 外来者には壁?

外からの人が新たに秋田や東北地方の生活で壁を感じる背景の一つに、この地域特有の保守的な「しょっぱい味」があるのではないか。筆者は常々そう感じてきた。

秋田県に来たことがある人は、食の味の濃さに気づく方も多いだろう。筆者もその一人だ。元々両親は青森の出身で、初任地が岩手。北東北にはゆかりが深く、濃い味には慣れているつもりだったが、それでも秋田の味の濃さには驚かされたことが何度もある。しょっぱさ、甘さいずれもだ。東北の食事は総じて味が濃いが、秋田は隣県をしのぐのではないだろうか。

二〇二〇年秋に秋田に赴任して以降、「濃い味」を何度も口にしてきた。

まず地元の有名B級グルメの「横手やきそば」。赴任から間もない時期に、横手市内の有名店に入り、焼きそばに卵が乗った一品を注文した。運ばれてきたのは、濃厚ソースで黒に近い茶色に染まった品。これに加えて福神漬けのトッピングが来る。水なしには食べることができなかった(もちろん、味が薄めの焼きそばがメニューの店もある)。

この時は偶然だと思ったが、その後しばらくして由利本荘市内の道の駅で、輪切りのナスの中央に菊の花が乗せられた漬物を買って食べてみた。塩漬けの状態そのままで、口にした瞬間、塩の塊を食べているような味で思わず口から出してしまった。秋田には豊かな食材が多く、それ自体は地元の人にとって大きな誇りなのだが、味付けは総じて濃いと感じる。

県内を取材で歩き、各地の店で食事をする際も、定食の味噌汁などを時々濃く感じる。こう思うのは自分だけなのだろうかと思い、他の県外出身者に聞いてみたところ、一様に「秋田の味は相当しょっぱいですよ。間違いない」という反応で、「私もいまだに慣れません」「外食のたびに恐怖を感じる」と口にする人もいた。

しばらくいるうちに筆者自身が次第に味に慣れてしまったこともあるが、それでも場所によっては、「外から来た人が生活するには慣れるのが大変かもしれない、移住希望者の一層のハードルになるのかもしれない」と感じる地域もある。

多くの人が薄々感じているはずだが、それでもなかなか変わらない。なぜ秋田の味はこんなに濃いのか。その背景には一体何があるのか。掘り下げてみることが筆者にとって大きな取材テーマの一つになった。

まず秋田の食についていくつか紹介してみたい。秋田や東北地方の特産と言えば漬物だ。気温が下がり、植物が育たない冬が長いため、野菜を塩蔵して保存してきたこともその一因だ。

代表的な漬物の一つが、大根を煙でいぶした「いぶりがっこ」だ。

真空パックに入った約三〇cmの焦げ茶色の大根。スライスした一枚を口にほおばると、しょっぱさとともに絶妙な甘さが広がる。表面はやや硬めで、薫製の独特な香りも漂う。

二二年、本場の一つである横手市の山内《さんない》地区で生産を続けてきた生産者を訪ねた。事務所の横に「いぶし小屋」が建ち、周囲には薫製にするためのナラの木片が並べられている。

お盆の時期から種を植え、二カ月余りで四五～六〇cmの大きさに育つ。畑から順番に収穫し、水洗いをした後、ひもでつるして二、三日小屋でいぶす。茶色が濃くなるとすすを落とし、約六〇日間、こうじなどにつけ込む。パックに詰めた完成品は一年近く保存が可能だ。

完成品の原材料欄には「大根、漬け原材料(白ざら糖、米、米こうじ、米糠、食塩)」などと表示されているが、「分量はそれぞれの作り手の秘密」とされる。冬には二、三mもの雪が積もる山内地区では、厳しい冬を越すために、多くの農家がそれぞれの味付け方法でいぶりがっこを作ってきた。家によってさまざまな味が生まれ、地元では、いぶりがっこの味を審査して表彰する「いぶりんピック」も開かれている。

「まさに地元を代表する食文化で、最近ではクリームチーズやワインにも合うことが知られてきました」と横手市の担当者は語る。西日本ではまだこの品の知名度に課題が残るが、関東圏や国外でもその名や味を知る人が増えてきた。かつてのしょっぱい味だけでなく、近年はやや薄めの味も出回るようになり、人気が広がる可能性を秘める食材だ。

しょっぱさのうまさを生んだ風土

また秋田や東北地方でご飯に乗せる鮭も定番だ。秋田では「ボダッコ」(紅鮭)と呼ばれ、その「しょっぱさ」のうまさが多くの人を引きつけてきた。秋田ではかつて、多くの川で鮭が遡上したが、近年は気候変動の影響もあり、その光景はほとんど見られなくなっている。だが鮭にまつわる食文化はそのまましっかりと受け継がれている。

「ボダッコ」の言葉の由来は諸説ある。一つは、塩鮭の身がボタンの花のように鮮やかな色をしており、それに秋田弁「ッコ」をつけたという説。あるいは、いろりやかまどにくべる木切れの「ほだ木」に似ているから、とも言われる。「ボダ、けれ(ボダッコ、ちょうだい)」。市場ではこんな言葉が交わされる。斜めに切るのではなく、四角く切るのも秋田流だ。

ボダッコを扱う店の関係者によると、仕入れた脂の乗った鮭に、男鹿半島沖で採った塩をまんべんなく塗る。一時間もたたないうちに、塩が水分を吸収して引き締まったボダッコになる。味については塩分濃度三%の「甘口」、八%の「中辛」、一〇%以上の「激辛」と分けている店も中にはある。しょっぱい味に慣れている秋田の人なら激辛でも違和感なく食べられるが、「関東の人なら中辛でも「しょっぱい」と感じるかもしれません」と話す。

焼き始めてしばらくすると白い塩汁が「ジュワジュワ」と吹き出し、徐々に表面が白くなる。焼きすぎるとかえってうまみが落ちるため、「半生」がお勧めだ。夏場は汗で塩分が多く出るせいか、よく売れるという。

秋田市の担当者は「ボダッコはご飯との相性がとてもよく、少量でもご飯がおいしく食べられます。予想を超えるような塩味の濃さには覚悟が必要ですが、この塩加減が秋田の風土や文化をそのまま表しており、それも含めて楽しめると思います」と話す。

また、秋田の味覚は「しょっぱい」だけではない。南部に行くと次第に甘みを帯びてくる。いわば「甘じょっぱさ」が濃い。この味のベースの一つになっているのが、「味どうらくの里」と呼ばれる調味料だ。秋田の人に聞くと「お湯入れて、野菜や肉を入れて、あと味どうらく。これで料理は何でもOK」と話す人もいる。

「味どうらくの里」は、秋田県を中心に山形、宮城県などでも広く知られる調味料のつゆだ。「出荷が多いのは一二月と夏場。帰省で遠くに住む家族が秋田に戻って来る時期に合わせて消費が増える。土産で持たせる人も多い」と製造の担当者は話す。秋田では主に「甘じょっぱい」食材が多いとされる県南地域で好まれ、地元出身者が各地で家族や友人に勧めることで、口コミでじわじわと味が広がってきているという。大仙市の担当者は「秋田では「迷ったら味どうらく」と言われるほどのふるさとの味です」と太鼓判を押す。

県北の味　きりたんぽと馬肉

一方筆者の感覚では、秋田県では北に行くほど塩味が濃くなる印象がある。

その代表格が、米どころ・秋田を代表する郷土料理で、きのこや鶏肉、ねぎがたっぷり入った「きりたんぽ鍋」だ。特産米をすりつぶし、筒状にしたきりたんぽに鶏の脂が浮かぶ濃厚なスープが染み込み、食欲をそそる。

地元では槍のさやを「たんぽ」と言い、その形に似ていることからこう呼ばれるようになった、という説がある。このたんぽを切ったものが「切りたんぽ」だ。秋田県北部で盛んに食べられ、大館市は本場、鹿角市は発祥の地とされる。

ルーツは諸説あるが、たんぽは元々、山に入って杉などを伐採する山子《やまご》と呼ばれる木こりや、炭焼きをする人たちの間食だったといわれる。普及に取り組む地元の関係者は「おにぎりを持参してもすぐに硬くなるので、杉の枝にすりつぶした米を刺してあぶったようだ」と話す。これに味噌をつけたのが味噌たんぽで、山で捕まえたキジやウサギの肉に加え、折ったたんぽを器の湯に入れたのがきりたんぽ鍋の原型とみられる。

鍋の定番は醤油味だが、これは市内にある「尾去沢鉱山」に理由があるという見方もある。全国から鉱山労働者が集まったことで、鹿角には秋田の中でも早い時期に醤油がもたらされたというのだ。具材によく使われるこんにゃくは当時、鉱山で働く人の間で「肺に良い」と信じられていたという。具材のお勧めはゴボウやセリ、マイタケやシメジなどで、鶏ガラスープは時間をかけて丁寧に煮込む。たんぽの切り方は真っすぐ、斜め、手折りなどさまざまだ。

醤油味の鍋について、隣接する大館市の料亭が古くから「これは鹿角のスタイル」と明言していたことや、秋田市川反の料亭「濱乃家」が一九三四年に「元祖は鹿角郡花輪町」と言及したことで鹿角市が発祥の地として知られるようになった。近年は地元や県の宣伝効果もあり、県外での知名度も高まっている。たんぽを囲炉裏に立てて焼く姿が似ているとして一一月一一日を「きりたんぽの日」と定めているが、鹿角市内では毎年冬、「たんぽ会」と呼ばれる会食が開かれ、鍋をつつきながら交流を深めるのが定番になっている。

秋田県北部の人にとって「馬肉」も身近な存在だ。スーパーの店頭にも並び、ラーメンやうどん、煮込みの具としても親しまれる。能代市や北秋田市、大館市、鹿角市、上小阿仁村などの飲食店に足を運ぶと馬肉入りのメニューを目にする。

なぜ県北で馬肉なのか。ヒントが『聞き書　鉱夫の仕事』(無明舎出版)にあった。一九〇九年生まれで花岡鉱山(大館市)などで働いた高田源蔵氏の話として「鉱山の伝統的な食べ物に馬肉の料理がありました。明治時代、坑内の鉱石運搬に背が低くて力の強い道産子が用いられましたが、足を滑らせて骨を折る事が多く、(働けなくなった)ウマの肉を食べた事に由来します」とある。

馬肉とこんにゃくや野菜を鍋で煮たものが好まれたらしく、こんにゃくには肺に突き刺さった鉱石粉を取り去る働きがあると信じられており、そのこんにゃくに馬肉が良く合い、馬肉もまたこんにゃく同様の働きがあると思われるようになったから、とも説明している。

能代市の馬肉の歴史に詳しい関係者は「この辺りでも馬肉は普通に食べられていた」と話す。林業などに農耕馬が使われることもあり、馬の力を競う「馬力大会」も開かれ、牛や馬の仲買商人である馬喰もいたという。馬肉は元々硬めだが、煮込んでしばらく休めることを繰り返すと、柔らかい独特の食感に変わる。

なぜ北に行くほど塩味が濃いのか。長く住む人たちに聞いてみると、「元々林業や鉱業が盛んな地域で、肉体労働者が多かった。汗を多くかくから味の濃いものが長く親しまれたのではないか」といった見方もある。また筆者の問いかけに、こう話す人もいた。

「味が濃くないと、食べた気がしないんだよ」

秋田県の「しょっぱ口」の傾向を象徴する出来事がある。体重計などで知られる計測器メーカー「タニタ」が運営するヘルシー食の飲食店「タニタ食堂」をめぐる逸話だ。

過去の報道によると、二〇一四年、秋田市中心部の商業施設「エリアなかいち」にフランチャイズ契約で出店したが、一八年三月に閉店した。タニタ側は当時「献立の味付けと県民の嗜好性が合わず、客足が伸びなかったため」と説明した。佐竹敬久知事は一八年末、原幸子県議の質問への答弁で経緯について説明した。タニタの幹部による「全国で秋田が唯一不評だった。撤退は残念」という趣旨の講演を聴いたことがあるとし「その場にいた私は赤面の至りでした」と述べている。

秋田で薄味を根付かせるのは相当な難題なのである。

「しょっぱい県」の歴史

秋田ではこうした「しょっぱ口」が歴史的にも広く根付き、こうした味付けが原因の一つとされる脳卒中や脳血管疾患などに悩まされる人が少なくなく、県民の健康状態の改善が長らく大きな懸案になってきた。これまでにもさまざまな手が打たれているが、今も大きな課題の一つだ。

ここでしょっぱ口対策の歴史について振り返ってみたい。

秋田では、味噌や醬油はそもそもいつごろから口にされてきたのか。明確な時期は定かではないが、そのヒントが秋田県味噌醬油工業協同組合の「創立五〇周年記念誌」で触れられている。それによると、一六〇〇年代の江戸時代にさかのぼるという。

「本県の味噌醬油醸造の歴史は古く、元禄五年(一六九二年)に(中略)、醬油の醸造を始めたと伝えられる」とされている。また「米の国であり、大豆も食品用大豆として声価の高い秋田種の原産地であったほどの生産地だったから、昔から味噌の自家醸造が盛んだった」としている。

明治や大正生まれの女性たちの歩みを聞き書きした『秋田のじっちゃばっちゃが綴る暮らしの記録』(凱風舎)には、こんな話が出てくる。

「食べ物も、生魚などはお正月とお盆くらいで、玉子など、病人でなければ食べられなかった。普段は、塩魚と漬物くらいでした」

「戦争中は、ただまま(飯)と味噌汁で、魚なかめったに食われぬものだった」

「砂糖の無いのは我慢できても、塩が無くてはどうしようもない」

「(戦争が激しくなってからは)母と一緒に山へ行き、フキ、イタドリ、ワラビ、ゼンマイ(中略)など、食べられるものなら何でも採ってきて、汁の実や漬物にした」

「秋田魁新報」による一九六〇年代のキャンペーン報道

秋田県のことを日々詳しく伝える地元紙、秋田魁新報社は、脳卒中をはじめとする県民病の現状をまとめたキャンペーン報道を『吹っ飛ばせ県民病』（日本新聞協会賞受賞）という書籍に一九六九年にまとめている。

それによると、一九六五年度の秋田の脳卒中死亡率は人口一〇万人に対して二六八・二人で、その水準は「各国に比べても秋田は断然トップ」で、世界的にも高いレベルにあると指摘した。統計的に見ると、「脳卒中死亡者のうち、働き盛りの人が二人に一人はいるという勘定になり、これは大変な問題である」としている。

米を多くとることで激しい農作業で消費したエネルギーを補おうとする農民の食生活があり、米の大食に伴い食塩の摂取量も多くなる。食塩摂取量と脳卒中死亡率に因果関係があることは医学界の常識。大食と食塩の摂取が人間の寿命を左右しているといっても過言ではない、と続ける。

さらにこうつづる。驚くほど現在と共通する問題意識が見える。

「県民の食生活をみた場合、つけ物、辛味のミソ汁と、塩のかたまりがゴロゴロしている。関西育ちのせいか、私たちばかりがとくにそう感ずるのかもしれないが秋田へ研究に行ってもあの塩辛い味にだけはなじめません。たまにおみやげとしてミソづけなんかいただくんですが、一本でも一年ももつような状態です。秋田の人々は、これを副食としてばかりでなく、「ガッコ茶」にも使用しているとか。脳卒中予防という点からすれば、あまりいいことではありませんネと他県人をビックリさせるほどの塩味だ」

「味の点からは日本有数の秋田米となると、大げさにいえばそれだけによって満足感が得られる。（中略）主食本意でバラエティーに乏しい、いわゆる高カロリー低タンパクの食事が日本人の伝統的食形態であり、農村、とくに本県のそれは極度に典型化された食生活であることがうかがえる。（中略）エネルギー補給の簡単な手段として米を多食し、より多く食べるために塩分をとる。その結果は高血圧と脳卒中の多発となり、いつまでたっても脳卒中死亡「日本一」のドロ沼からはいあがれない」

実は、戦後間もない時期からこうした現状を改善しようという動きがあったようだ。元秋田県職員で秋田県栄養士会の会長を務める栗盛寿美子さんが二〇〇八年に発表した論文「秋田県における減塩を目指した食生活改善」によると、昭和二〇年代から、過重な労働と貧しい食生活による農村女性の健康作りとしての栄養活動が始まったという。昭和三〇年代に動く台所と言われた栄養指導車（キッチンカー）に保健所の栄養士が乗り込み、屋外での栄養改善指導を実施した。

昭和五〇年代からは、秋田県栄養士会が「低塩キャンペーン」を始めた。その活動は他県にも広がり、一九八〇〜八二年頃に大きな盛り上がりを見せたという。メディアも協力し、ポスターなどでの啓発に力を入れ、当時の県公衆衛生課長が秋田音頭の替え歌で「減塩音頭」を作詞し、盆踊りや婦人会の活動などで活用された。

一方でこのキャンペーンは、味噌や醤油の製造業者にはかなりの逆風になったようだ。先の工業協同組合の記念誌では当時についてこんな記述がある。

「（運動は）脳卒中は味噌がその元凶であると銘を打った。組合は県の運動の趣旨を理解しながらも、脳卒中の諸悪の根源は味噌とする見解は、県内の工業味噌と農村地帯に普及の自家醸成味噌の実情の把握不十分による前のめりの行動と判断せざるを得なかった」

「減塩運動では、味噌醤油がターゲットになり、味噌の需要に大きな打撃を受けたことは記憶に新しいところであります」

一時は盛り上がりを見せ、一定の効果を上げた減塩運動だったが、いまだに「濃い味」の食事は各地に残る。栗盛さんは論文で「食パターンが多様化している現在にあっては、伝統型の食生活の人とそうでないパターンが分散しており、また、食に関心のある層と無関心層が両極端になってきている」「まだまだ減塩への取り組みは必要と考える」と指摘している。そんな中で先に紹介した「タニタ食堂の閉店」は起きたのだ。

「減塩音頭」をリニューアルしたが浸透せず

ヤートセー　コラ　新・減塩音頭です

（ハイ　キタカサッサ　コイサッサ　コイナー）

コラ　令和時代に新たな音頭で　健康第一だ！

（アーソレソレ）

あたりさわりもあろうけれども　県民一丸だ！

（ハイ　キタカサッサ　コイサッサ　コイナー）

一番　減塩
コラ　父《とっ》ちゃも母《かっ》ちゃも白米《まま》さ合うどておかずコ塩《しょ》っぺぐすな
（アーソレソレ）
スパイス効かせで　ひと味違えば　これまだ　ええもんだ
（ハイ　キタカサッサ　コイサッサ　コイナー）
（ハイ　まだまだこれから　コイサッサ　コイナー）
二番　野菜・果物摂取
コラ　野菜を　毎食　一皿　プラス　果物　もう少し
（アーソレソレ）
ビタミン　カリウム　食物繊維　体調整うぞ
（ハイ　野菜に果物〜　しったげ身体にぃ〜　よいなぁ！）
（ハイ　栄養バランス〜　しったげ身体にぃ〜　よいなぁ！）
三番　健康寿命延伸
コラ　酒は適量　タバコは吸うナ　塩分控え目に
（アーソレソレ）
毎日運動　他人《ひと》と会話し　大いに笑えばエ
（ハイ　毎日コツコツ〜　まめに気軽に〜　歩こう！）

（ハイ 健康寿命〜 目指せ日本一〜 よいなあ！）

（『新・減塩音頭』作詞・齋藤忠弘、佐藤美香子、池田昭 補作「新・減塩音頭」歌詞募集事務局）

秋田では、民謡「秋田音頭」の節に乗せて一九八〇年に作られた「減塩音頭」をリニューアルし、二〇二一年に改めて県民への浸透を試みた。だがこれも、県庁に置かれたモニター画面などで宣伝はされているが、全県的な認知度の普及にはまだ至っていない。

「減塩音頭」は四一年ぶりの更新で、新たな名前は「新・減塩音頭」。「減塩」「野菜・果物摂取」「健康寿命を伸ばす」の構成だ。県内の成人の食塩摂取量は一日あたり一〇・六g（一六年）で、〇一年の一三・三gよりは減ったものの全国水準（九・九g）を上回る。

「食塩が多い、野菜が少ないと胃がんや高血圧、脳卒中などのリスクを高める」とし、麺類の汁は残す、味噌汁を食べる回数を減らす、外食では野菜量が増えるメニューを選ぶことなどを呼びかける狙いもあった。

だが県庁のPRとは裏腹に、秋田音頭のリズムや歌詞が若者向けにはなかなか浸透せず、筆者が各地のスーパーを歩いてもこの「減塩音頭」を実際に耳にする機会はほとんどなかった。行政側が宣伝したとしても宣伝が続かず、打ち上げ花火のような状況になってしまっている。

実際県民には濃い味をめぐる問題はどの程度切実なのか。関係者に聞いてみた。

一人目は、県内で飲食の業務に携わる七〇代の男性だ。

――秋田の飲食店の味付けは「濃い」という声があります。

秋田県民は昔から塩辛いものを日常的に口にしてきました。山菜を塩漬けにして冬に向けて貯蔵し、塩を抜かずに食べていた名残でしょう。米どころなのでご飯に合う塩のきいたおかずが好まれます。こうした味覚は古くから続くもので、五年とか一〇年とかでそう簡単に変わるものではありません。

ただ、近年は県民の味覚も変わってきていて、若い世代を中心に薄味が好まれてきている気はします。県外の食品会社が作るレトルト食品やインスタント食品がスーパーなどに並び、その味に消費者が引っ張られているのでしょう。ネット通販も発達し、全国から取り寄せられるようになりました。飲食店は客の味覚に合わなければ商売になりません。老舗でも五〇年前と同じ味を出し続けるだけでは客は離れるでしょう。好まれる味は時代とともに変化していて、(業界としても)合わせていくことが必要です。

――今の秋田県の「しょっぱさ」は適切でしょうか。

一律に考えるべきではないでしょう。たくさん汗をかく職業の人もいれば、そうでない人もいる。生活や労働環境によって必要な味は変わり、飲食店が周辺の環境や主な客層によって味を変えるのは当たり前のことです。汗を多くかく夏場は味を濃くするなど季節によっても調理の工夫が必要です。「一律に(濃い味を)減らすべきだ」と言われても店側には難しい。

――減塩を進めるための具体策はありますか。

保健所が飲食店に塩分計測器を渡し、データを定期的に提出するという方法も効果があるのではないでしょうか。感覚で味付けをしている店は多く、味の濃さを数値にすれば目安になり、うまみを強くしようとするなど工夫につながります。県が掲げる理想は理解できますが、現場の事情にも配慮してほしいですね。

昔ながらの味を変えるのは難しい

次に訪ねたのは、県北部でがんの患者の会をとりまとめる七〇代の男性だ。がんとの直接の因果関係は断定しきれないが、それでも「濃い味」は一因ではありそうだ。

――どのような生活習慣だったのでしょうか。

お酒を飲む機会が多く、好きなのでよく飲んでいました。飲酒時はあまり食事に箸をつけず、たまに口にするものといえば野菜ではなく漬物類が多かったですね。不摂生を反省し、その後は食生活に気をつけています。

――「しょっぱい味」を変えるのは難しいでしょうか。

地元の農村では塩分の強い漬物が多く、「味がしない」とさらに醤油をかけて食べる人もいますね。時々地元の集まりで鍋などを囲むと「味が濃いな」と感じることはあります。昔はどこにでもスーパーがあるわけではなく、野菜や魚は塩で漬けて保存していました。塩分に頼った食べ物が多く、ハタハタもナスも塩漬けが当たり前。家庭に冷蔵庫が普及し、流通も発達して保存方法は変化しましたが、同居する若い世代がいない高齢世帯では昔ながらの味を変えるのはなかなか難しいかもしれませんね。よほど意識しない限り、味は昔ながらのものになりがちです。

――「新・減塩音頭」はどれほど効果がありますか。

残念ながらこのあたりではほとんど耳にしたことがありません。生活習慣病と塩分の因果関係について理解を深める機会を増やすことに力を入れてほしいです。市町村レベルでも、たとえば学校給食の味付けを意識すれば、家庭にも波及するかもしれません。スーパーに並ぶ食品の影響は大きいので、食品メーカー側に行政が減塩を働きかけるなどして業界の意識改革が必要でしょう。

脳出血を経験した佐竹知事の実感

リニューアルした「減塩音頭」の啓発効果はどれほどだったのか。発表から一年の節目の二二年、佐竹知事にインタビューした。

――新音頭を「聞いたことがない」との声も少なくありません。

四〇年余り前に最初の「減塩音頭」が作られ地元資本の店などで流していた記憶がありますが、今は全国チェーンが進出し、インターネットやＳＮＳの情報に埋没して「新・減塩音頭」を耳にする機会が限られてしまいました。リニューアルはしたものの、普及には相当課題があります。

秋田で「減塩」を強く宣伝すると消費者から「味が薄い」とクレームが来る可能性があり、全業種で浸透するには至っていません。さまざまな手法を組み合わせていく必要があります。

都道府県別で秋田の健康寿命は、一六年調査で男性四六位、女性三三位でしたが、一九年は男性二六位、女性一五位になりました。ただ、まだまだ道半ば。若い世代の予防意識は徐々に高まってきていますが、農村部の高齢者への働きかけはさらに必要です。

「新・減塩音頭」などの取り組みについてインタビューに答える佐竹敬久知事(2022年8月)

——他県から来た人には「秋田は特に味付けが濃く、しょっぱい」との声があります。

一般に雪の多い所の食事は塩分が濃いのです。秋田は江戸時代から米や酒を多く口にしてきた一方、冬に備えて野菜や魚を塩蔵保存する習慣がありました。塩分が弱いと食材が腐る危険もあったのです。

味が濃く多彩で豪華な自家製の漬物で客をもてなすのが「富の象徴」と信じられてきました。最近は漬物の塩分は減ってきてはいますが、それでも多く口にしてしまっている。高齢層を中心に秋田県人の習慣はなかなか変わりません。一方で漬物は秋田にとって最も大切な産業の一つで、決して生産者や売る側だけの問題ではありません。県内では一八年、ヘルシー食で知られるタニタ食堂が撤退しました。濃い味を好む県民の好みに合わず、客足が伸びなかったことが一因と言われており、不名誉な結果になってしまいました。

――県民の食習慣は変えられますか。

取り組みを続けることで必ず変わると信じています。私自身が変わったからです。私は東日本大震災直後の一一年四月、軽い脳出血の症状を起こしました。昼間に記者会見をしていて紙を落としました。一度拾ってまた落とした。「おかしい」と思ってすぐ病院に行き、五〇日近く入院を余儀なくされリハビリを続けたことがあります。

当時は毎晩酒を飲んでいました。塩辛や筋子、漬物が大好きで塩分中心の食事に慣れきっていました。元々血圧は高めでしたが、震災の混乱で休みもなく長く寝られない日が続き、体が持たなくなりました。

家族から強く自制を求められたことと「二度と経験したくない」との思いで栄養指導を受けました。つまみは野菜やチーズ、のりなどにし、漬物は一回三切れ。味付けもポン酢とレモン汁に変えました。本気で決心すれば一カ月で変わっていきます。体重は九二kgから七五kgに減り、今では外食の味が「しょっぱい」と感じるようになりました。指先にしびれが少し残っており、一度こうした経験をすると健康のありがたみが身にしみます。

――岩手県は毎月二八日を「いわて減塩・適塩の日」と定め、青森県は塩の代わりにだしを使う「だし活」などを打ち出しています。

青森県はさまざまな海の幸が採れ、だしに使える魚を獲る機会が限られる秋田とは事情が違います。岩手県のように日を定めるのも一つの方法ですが、気候や食材が若干違います。現実的にはスーパーやコンビニエンスストア、農協などと協力していく形になると思います。「減塩」の呼び方をもう少し前向きな表現に変えるのも一案で、いいアイデアを検討していこうと思います。


「減塩」のキーワードは元々秋田ではあまり評判がよくない。多くの人にとって薄味はどうしても食事が物足りないと感じられるからだ。いぶりがっこに代表される漬物が一大産業で、「県内向けにはあえて味を濃い目にしている」という食品メーカーの声も耳にした。産業を守りつつ、健康維持のためいかに減塩も進めるか。アクセルとブレーキを同時に踏んでいるような状態ともいえる。

「食改善のボランティア」不在の地

行政の担当者が懸念しているのが、食生活改善のボランティア活動に携わる「食生活改善推進員」がいない地域の住民の食生活事情だ。こうした所は秋田県内にいくつかあり、確かに不在地域に出かけて食事をしてみると、総じて味がしょっぱいことがある、と筆者も感じていた。

その一つが県北西部の能代市やその周辺だ。コロナ禍でなかなか対策が進まなかったが、コロナ禍が落ち着いてくると、少しずつ地元でも動きが出始めた。二三年秋、現場の様子を取材した。

「私も濃いと思いますが、お客さんが望むので」

能代市内のある飲食店で店員に「味が濃いのでは」と尋ねると、こんな答えが返ってきた。なぜこの地域の味は濃いのだろうか。地元の人に聞くと「歴史的に秋田杉の林業が盛んな地域なので肉体労働者が多く、汗を多くかく仕事が多かった名残ではないか」という声も聞かれた。

一般財団法人・日本食生活協会などがまとめた二二年度の年報によると、東北地方で食生活改善推進員が不在なのは、この地域と秋田市、他に福島県、宮城県のそれぞれ一部だけだ。

また「能代山本がん予防推進協議会」によると、秋田県のがんによる死亡率は全国の中でも高い状態が続いているが、この地域は県内でも特に死亡率が高く「地域の特性に応じた取り組みが必要」と指摘されている。

秋田県の担当者は、日頃から健康的な食事を啓発する推進員がいないこの地域の住民の健康状態を懸念し、「推進員の養成を地元自治体に働きかけてきた」という。新型コロナウイルス禍の対応が一段落し、推進員の養成へ一歩踏み出した。

能代市で初の講習会の参加者は、すべて女性だった。受講した会社員の五〇代の女性は修了式で「コロナ禍で健康を考えるようになり、まず大切なのは食だと思って参加した。市販の総菜とかだとどうしても味が濃くなってしまう。講座で素材を生かす味付けについて学べた」と振り返った。

能代市で取材していて、長く根付いてきた「濃い味」を変えていく難しさを改めて感じたことがある。

推進員の不在の現状について、市のある幹部に筆者が会見で質問すると、その幹部は別の職員の方を向き、「(市職員の皆さんは)能代の味はしょっぱいと思いますか? そう思う人はこの場で手を挙げてみて」と持ちかけると、手を上げたのは約一〇人のうちわずか数人だった。地元に長く住み続けることでその味に慣れており、「濃い」という実感が湧きづらい上に、他地域との比較や味を体験する機会が限られていることで、気づきにくい状況になっていないだろうか。

「しょっぱい味」と「豊かな食文化」

食事の味が濃い一方で、残す食材の量も少なくない。全国有数の農業県で食材も豊富な秋田だからこそか、食べられる食材を捨ててしまう「食品ロス」の問題が深刻だ。

どうして秋田県で食品ロスが多いのか。佐竹知事に聞くと「遠くからお客さんが来るといっぱい食べ物を出し、結局食べきれずに捨てている」と述べた。

食品ロスの県内の一人一日当たりの発生量(一九年度)は一〇三・二gで、全国の平均(五九・八g)の約一・七倍。岩手県(六三・六g、一八年度)や青森県(六二・〇g、一八年度)などに比べても特に多い。東北六県で最も多い水準だ。家庭由来の発生量は、一九年度は約三万六〇〇〇トンと推計され、野菜や値引きされた総菜などが目立つという。

家庭菜園で大量に収穫できたものの、食べきれずにそのまま捨ててしまう水気の多い野菜なども少なくない。自宅から最寄りのスーパーまでの距離が遠い所も多く、車で出かけて買いだめをし、結局捨ててしまう傾向も一因のようだ。

県の意識調査では、手前取りや、外食時に残った食事の持ち帰り率の低さも顕著で、県は二二年に「食品ロス削減推進計画」をまとめ、対策に本腰を入れるようになった。

秋田県の食の豊かさを象徴する一つの例だが、佐竹知事が二三年秋、秋田市での講演で、全国知事会で訪れた四国地方の料理について言及し、「メインディッシュがいいステーキだと思って(蓋を)開けたら、じゃこ天です。貧乏くさい」「酒もうまくない」などと酷評した。高知県で水揚げされる魚「どろめ」を「あのうまくないやつ」とも表現し、波紋を広げた。個々の秋田県民も知事に代わって相手の県民に謝る事態になった。

その後知事は記者会見し、自身の発言について「不穏当で不見識だった。四国の方に不快な思いをさせ、心からお詫び申し上げる」と謝罪に追い込まれた。

他方で知事は「秋田ほどうまいものがある所はない」「秋田にはいかにいいものがあるか。さまざまな自然、風、水、美人。男もいい」とも語っている。この発言の背景を考えてみると、秋田の文化の根底にある歴史的な「食の豊かさ」に思い至る。秋田を拠点に生活する場合、大きなポイントになるのが「しょっぱい、濃い味付け」と「豊かな食文化」の二つではないか、と筆者は考えている。

大陸との往来の歴史「北の海みち」

秋田で暮らしていると、地元の人々は比較的おおらかで、細かいことにあまり目くじらを立てない、あるいはこだわらない。また身なりはどこか華やかで、総じておしゃれな印象を持つ。隣の青森、岩手、山形県民と比べてもその印象が強い、と筆者は感じる。「日本海側で、東京からは遠く離れているのに一体なぜ?」と不思議に思う方もいると思うが、いくつかの事情が考えられる。大きな要素は「長年の大陸との交易の歴史」と「北前船による北海道、関西圏、北陸地方との深いつながり」だ。

まず歴史をさかのぼると、日本と外国との交流の主な拠点は、今のような東京を中心とした太平洋側ではなく、主に日本海側だったことがわかる。

秋田大学の学長を務めた新野直吉氏の著書『古代日本と北の海みち』(吉川弘文館)では、かつての日本の交易ルートについて、こんな記述がある。

「旧石器時代人の歩みを見て知っていたはずの縄文人は、きわめて自然に間宮・宗谷・津軽の三海峡を経路とする北の海みちを通って、日本列島にやって来たに違いないのである。東シナ海を渡る海路は相当に広い海面を乗り切る必要があり、朝鮮・対馬海峡の場合も、すべて対岸が見極められる程の狭さの、北の三海峡ほどに狭くはない。安全に(大陸から)渡って来ようとするとき、北の海みちを捨てたり忘れたりするようなことは決してあり得ぬことであろう」

大陸の人たちは、どのようなルートで日本に渡ってきたのだろうか。こんな推測をしている。当時の小さい舟と未発達の航海術では日本海中央部を一路突っ切ってくることは考えにくく、通常の天気なら対岸が見えて、着くべき方向が確認できる狭い海峡を経由する方が遥かに安全。玄界灘や響灘の難所がある朝鮮・対馬海峡を通る西の海みちよりも安全な航路だという。

航海は次のようなルートをたどる。

朝鮮半島北部や沿海州から船出して、左手の陸地に沿いながら、沿海州の漁労民が日常的にもなじんでいる船路を、天候を観ながら東進する。荒天になれば港湾に寄って難を避けながら進み、数km の幅しかない狭い間宮海峡を渡り、樺太島の西側を同様に南下。宗谷海峡を渡って日本海とオホーツク海の潮目の辺りに達し、北海道島の西側をさらに南下して津軽海峡を渡る。そうすれば津軽半島から男鹿半島のあたりに来着することになり、「これが北の海みちなのである」。

また、沿海州方面から日本列島への来航にはリマン海流の存在も重要であるという。

「この流れに従えば日本列島北半への北の海みちは、風が順になれば一層速度を増すであろう。そしてその場合、少し内陸には位置するが平野の中で四方からよく仰がれ、当然海上からも眺望できる岩木山、文字通り海岸に屹立する鳥海山、(中略)真夏を除けばいつでも白雪を頂く月山などが、大きな指標になって航海を導いたであろう」

ナマハゲの来た道　渤海国との交流

大陸と秋田との往来の歴史をうかがわせるものに、男鹿半島に伝わる年末の伝統行事「ナマハゲ」がある。この起源にはいくつかの説があり、その一つが「漂流異邦人説」だ。それは男鹿の海岸に漂流してきた異国の人々は、村人にとってはその姿や言語がまさに「鬼」のように見えた。その「漂流異邦人」が今のナマハゲにつながるのではないか、というものだ。確かにナマハゲの形相をじっと見てみると、主に大陸からとみられる外国人のようにも見えてくる。海岸には時折こうした異国の人たちが秋田に漂着していたことを想像させる。

また歴史の中で特に注目されるのは、かつて大陸にあった「渤海国」との交流だ。

『日本史小辞典』（山川出版社）によれば、渤海国は高句麗遺民と靺鞨人とを統合して建てた国（六九八〜九二六年）で、唐と対立すると、七二七年に高句麗の復興と称して日本に通好した。七三二年には唐を急撃し、その後内紛が起きて滅亡したという。日本への外交使節の派遣は、九二二年まで三四回以上に及んだとしている。また日本と唐との交通の仲介としても機能したという。

新野氏は著書でさらにこう指摘する。

「北の方からのルートでやってきた馬、おそらく沿海州方面からやってきた大陸系の馬が、東北・北海道の方に伝わり、それが中継されて中央の方に進められたものであろう」

「天平十一年の第二回の使者が出羽に着いた七年後、驚くべき多人数の来航があった。天平十八年紀是年条に、渤海の人及び鉄利（靺鞨の一分派の人たち）（中略）一千一百余人、化を慕いて来朝す。出羽国（秋田県などの旧国名）に安置し衣服を給いて放還す。とあり、日渤交渉史料上最多の人々が渤海からやって来たのである。渤海人及びそれと近い類の鉄利人が、日本に対する帰化目的で来日して（中略）、しかも帰化目的の自主自発の航海集団であるから、彼らが旧来用いていた航路を辿って来着したに違いない。それは伝統の「北の海みち」であったということになる」

こうした歴史の一部を伝えているのが、秋田市にある「秋田城」の周辺だ。地元の歴史資料館では、ここにはかつて古代日本で最北の城柵があり、小高い丘の上に築かれた政治・文化・軍事の中心拠点だったことを伝えている。この地域から北は、古代国家の支配が及ばない地域だった北海道などの北方世界との交流の窓口でもあった。

同時にこの秋田城で、渤海からの使いの対応を行っていた可能性が高いとされている。城跡には当時としては先進的な水洗トイレがあり、一帯の土からは、豚食を常食とする人からもたらされた虫の卵が見つかった。古代日本には豚を食べる習慣はなく、大陸からの来訪者がこのトイレを使っていた可能性があるという。

歴史的にも中国東北部と秋田などの日本海側は深いつながりがあり、人的交流もあったことがわかる。こうした往来が繰り返されたことで、豊かな大陸の文化が伝わり、地元に根付いたはずだ。それは東に隣接する岩手県などの地域よりもより密接で深いものだったのではないだろうか。

他県から来た筆者の目には、秋田の男性は比較的大柄で、女性も背が高くすらっとした体格の人が少なくなく、時に日本人離れした体格を感じることがある。また、かつて中国東北部に出張したとき、地元の人たちが大柄で驚いたことを思い出す。大柄な体格のそのルーツの一つは大陸にあることを推測させるもので、今の日本海側、秋田の人たちにもつながっている、という見方はうなずけるものだ。

「動く総合商社」北前船でさらに豊かに

また「秋田の豊かさ」の背景として、かつて日本海側の港を頻繁に往来した「北前船」の存在も大きい。この往来によって秋田は北海道や京都をはじめとする関西地方と多くの取引を行い、その文化に影響され、豊かで華やかな気風が築かれていった。

能代市内で二四年二月、北前船について紹介する小さな展示スペースが設けられた。ここでは北前船について、こんな説明をしていた。要約するとこんな内容だ。

北前船は、江戸時代から明治にかけて大阪と蝦夷(北海道)を結んで大活躍した商人の船で、沿岸各地に地場産業を興し、巨万の富をもたらした。最も重要な物資は米で、江戸まで安全に米を運ぶ遠距離航海のルートとして西回りの大阪と山形県酒田を結ぶ交易ルートと、敦賀から北海道までの交易ルートが合体し、北前船の航路が完成した。

北海道では寒くて稲が育たず、北前船が持ってきた米は確実に売れた上、木綿などの衣類、鉄製品からわらじまで、北海道での生活に必要なものは何でも買われた。

最も大きな利益を生んだのがニシンで、油を絞った後のニシン粕が瀬戸内各地で盛んだった綿花栽培の肥料として飛ぶように売れた。一度の航海で一〇〇〇両、現在の貨幣価値で六〇〇〇万から一億円近い利益を得られた。

北前船が売買した品は多く、瀬戸内の全域に塩田が作られたのは北前船がその塩を買うからで、島根では鉄、福井では紙や刃物などを売り買いしながら北海道に向かった。こうして大小の港でそれぞれの特産品を買い入れ、他の地域で売ってもうける、いわば「動く総合商社」だった。

また、各地の民謡などの芸能文化、風習や食文化も運んだ。

昆布でだしを取る食文化を作ったのは関西の料理人だが、北海道で取れた昆布を北前船が関西で大量に売り、大阪や京都、加賀など北陸から西日本にかけての地域で

明治末〜大正期に撮影された北前船(井田家旧蔵古写真・福井県立若狭歴史博物館蔵)

昆布だしやこぶまきなどの昆布の加工品が生まれた。山形県の特産物・紅花も京に運ばれ、口紅や染料に加工された。

商品流通によって江戸時代の産業を大きく発展させ、多くの文化を生み出し、日本は一つの国だという意識形成を促進させたといえる。

しかし明治になると電信が普及し、より安全でもっと大量の荷物を高速で運ぶ汽船も登場して、

明治三〇年代に北前船はその役目をほぼ終えた。しかし江戸時代の経済に北前船が果たした役割は計り知れず、やがてそれが明治時代に始まる近代国家の礎にもなった。北前船が運んだ富と文化は今も私たちの生活に深く根付いている――。

秋田に住んでいて気づくのは、「加賀屋さん」や「能登さん」という名字の人が少なくないことだ。おそらく長くさかのぼれば、ともに日本海沿いの秋田県と石川県の交流にちなむ逸話が潜んでいるのだろう。それほどに秋田は、青森の津軽地方や山形、新潟、富山、石川、福井といった日本海側の各県、また北海道との人的・文化的なつながりが深かったのだ。

こうした事情から、日本海側の人たち同士の間にはどこか「奥ゆかしさ」や「だし文化」を大切にするような心情的な共感や仲間意識、あるいは日本海側が抱く、雪や雨が少なく、晴天がカラッとしてどこか単調な太平洋側への潜在的な対抗意識のようなものが、筆者には時折感じられる。

石破首相の演説ににじむ「日本海側」の心情

日本海側に住む人の心情を率直に口にしていたのが、鳥取県出身の石破茂首相だ。二〇二四年一〇月の衆院選の際に秋田を訪れた石破氏は、地元候補の応援演説でこう語った。

「地方から新しい日本を作っていきたい。心からそう思っています。私の出身は鳥取県で、秋田が人口九〇万人を割って大変だということですが、鳥取県は五四万人を割っています。本当に人口がどんどん減って人口最少県が私の出身地であります」

そして、「今から六〇年も前、私は小学生でした」と、かつての夏祭の賑わいに触れ、今ほど豊かではなかったが、みんなに笑顔があったと、もう一度そういう地方を作りたい、と地方創生に言及した。「いつの時代も、国を変えるのは都の偉い人ではなく、庶民大衆であります」。

さらにこう訴えた。

「子どもの頃「裏日本」と聞くたびに、悲しかったです。悔しかったです。昔日本海側のことは「内日本」と申しておりました。太平洋側を「外日本」と呼んでいました。明治時代の頃に一番人口が多かったのは新潟でした。東京だったわけではありません。東京の人口が日本一になり、「裏日本」という言葉が登場するようになり、教科書にも載るようになりました。私は悔しかったし、悲しかったです。テレビの天気予報で「明日の裏日本の天気は」と言われるたびに、「いつか見てろ」と思っておりました。同じ思いをお持ちの方もおられると思います」

秋田の県民性について、秋田県は日本海側で「最も明るい県」と言われている、さらに学力テストは常に一位で、日本一まじめな県だ、と述べた。

「(秋田県民は)NHK受信料を一番払う(率が高い)といいます。これをまじめ、と言わないで何というのか、という話ですが、一番まじめで、また一番明るい。だけど何で秋田の人口減少率は一位なのか。一体何でこうなるのでしょうか」

自民党はこの選挙で大きく議席を減らしたが、石破氏の演説はきっとこの場にいた多くの人の心の底にじかに響いたはずだ。能代市の北前船の説明にあるように、かつての繁栄の歴史がある土地柄でもあり、太平洋側に対する日本海側の対抗心を、筆者も時折感じることがある。

米どころのプライド

秋田は山形の庄内地域と並ぶ随一の米どころとして知られる。これは東北の東部、つまり青森県の八戸や岩手県、宮城県などと比べても、秋田にはゆったりした平野があり、気候や地形的に米を栽培しやすかったからだろう。

対照的なのが隣の岩手県だ。六～八月頃に吹き、たびたび冷害をもたらしてきた北東の風「やませ」に悩まされ、地形的にも平野が少ない。山がちなため秋田ほどには作物の収穫が伸びず、内陸の盛岡市は魚が捕れる沿岸から遠い。食べ物の確保のためには、より正確な計画性が必要になり、秋田よりもさらに深刻な危機や苦労が多かったと想像できる。東日本大震災では広域で被災し、二五年二月には大船渡市で大規模な山林火災も起きた。詩人で作家の宮沢賢治や野球の大谷翔平選手らに象徴される岩手県民の我慢強さや、これまでの常識を打ち破るほどの強烈なはい上がる力、突出した人材を生み出したり、周囲がそれを押し上げたりする強さは、こうした土地柄も一因ではないだろうか。

東北各県を行き来して各地の人と接すると、秋田県人はおおらかな一方で、時に近隣県をやや下に見るようなプライドの高さを感じることがある。この背景には、「秋田では雑穀ではなく、長く米を中心に食べてきた」という強い自負があるように思う。

こうした歴史を考える際に参考になるのが『東北から考える近世史』(菊池勇夫著、清文堂出版)だ。著者の菊池氏は日本近世史や北方史が専門で、飢饉の歴史にも詳しい。岩手県の一関市博物館の館長を務めているが、ここでも日本海側と太平洋側との気候や食文化の違いが指摘されていて興味深い。

それによると、秋田県の隣県・青森県の五所川原市では、天明の飢饉(一七八三〜八四年)の時期に多くの餓死者を出したが、穂が出ず凶作が懸念されるのに、油断していて八月中頃(新暦九月半ば)まで「白飯」を食べ、奢《おご》っていたと戒める記録が残っており、「津軽平野の米作地帯では白米食がかなり日常化していたことが知られる」としている。

秋田についてもこの例のように「弘前藩と同様の白米食が進んでいたと考えられる」という。秋田藩では天保の飢饉(一八三三〜三六年)の際、粥・雑飯を奨励し、凶作による米不足と高値で米の食い延ばしを図ったという記録も残り、「明治初期の秋田の白米食はすでに藩政期からだったことは明らかである」とし、「青森・岩手の盛岡藩側の稗・粟食の雑穀事情とはずいぶん様相が違っていたことになる」との見方を示す。

東北地方は同質の社会ではない

菊池氏はさらに「東北地方が一体的で同質の社会であるという確証はない」とし「風土や自然

環境も東北の北と南、日本海側と太平洋側とではだいぶ異なっている」と見る。一つは関西を中心とする「大坂・京都方面のつながり」、二つ目は「江戸・関東方面とのつながり」、三つ目は「北海道である松前・蝦夷地とのつながり」で、三方向から外部交流でそれぞれ影響を受けていた。

まず一つ目の関西方面とのつながりは、北前船などの海運によるパイプで結ばれたものだった。「穀物では庄内米・秋田米・津軽米に加えて、南部大豆が陸奥湾野辺地（青森県野辺地町）から大坂市場に積み出されていた」「上方への移出は原材料がほとんどといってよいが、その見返りに塩・木綿・古着・瀬戸物・茶・小間物などが下り荷としてもたらされ、民衆の消費生活の向上を促した。（中略）日本海の海運を担ったのは北前船・弁財船であるが、彼らの活動は東北日本海側から北海道におよび、東北太平洋側でも八戸・宮古あたりまで及んだ」としている。

二つ目の江戸・関東とのつながりは、岩手県や宮城県、福島県の三県が特に強かったと指摘する。「阿武隈川を使って（中略）米沢藩の米が運ばれ、北上川を使って仙台米や北上川流域の米が運ばれ、それぞれ荒浜や石巻から関東・江戸に廻米された。（中略）東北北部では八戸が大豆の積み出し地として知られていた。三陸地方の海産物や下北の木材なども江戸向けが多かった」。また「東北地方は上方より江戸への近さから、江戸の経済圏・文化圏に次第に傾斜していったが、とくに日本海側より太平洋側の南東北がそうであっただろう」。

三つ目の北海道とのつながりは「近江商人や北陸の北前船主、さらには江戸系の商人たちは、蝦夷地産の鰊・鮭・昆布・木材・毛皮などを全国市場に乗せ、遠隔地間の流通を掌握していたが、東北地方は彼等の経済活動を実現する人と物の供給地となった。（中略）また商人たちによって秋田・庄内や北陸地方などからも蝦夷地に米が向けられた。東北地方の米は大坂・江戸に回されるだけでなく、北にも移出されていたのである」。また津軽や下北、秋田や三陸といった北東北の沿岸からは蝦夷地の漁場へ出稼ぎに行く者が増え、「松前稼ぎ」と呼んだという。

筆者も秋田を拠点に取材をする中で、青森や岩手、山形は隣県でも人の気質がかなり違うと感じてきたが、こうした記述で納得した。つまりそれぞれが日常で交流する相手が地域によって異なり、交流の相手の土地柄の影響を長く受けたことで、各地の文化がかなり違っていたのだ。

時代ごとの層が積み重なってつくられる「県民性」

菊池氏は、筆者も普段感じることがある各県ごとの文化や考え方の違いについて、取材にこう語ってくれた。

「各県の文化、と言いますが、そのベースには旧制度の「藩文化」の違いがあります。その前にはもっと古い時代の地域の違いがある。その地域によっていろんな時代ごとの層が積み重なり、現在の「県民性」に至っています。なので県民性というのはその土地の文化のせいぜい一五〇年ほどの表の部分でしかありません」

こうした歴史的な背景が、佐竹知事の先のような発言にもつながっているのではないだろうか。

秋田は味が濃い一方で、食文化そのものは豊かだ。これが文化意識やプライドの高さ、北海道や関西、北陸とのつながり、今に至る味の感覚にもつながっているように思う。

筆者はかつて岩手県にも赴任したことがあるが、その時に大好物だったのが盛岡市などで食べられる「じゃじゃ麺」だ。特製の麺に肉味噌を乗せ、混ぜて食べる時の味が絶妙なので、「隣の秋田なら岩手からも近いのでどこでも食べられるはず」と期待していたが、秋田ではほとんど目にすることがない。なぜなのかずっと疑問に思っていた。

これは秋田市内の外食店のオーナーの話だが、かつてオーナー自身もおいしいと思っていたじゃじゃ麺をメニューにしたが、秋田ではほとんど注文がなく、やめざるを得なくなった。理由について、「秋田県民は麺類は見た目がきれいな「稲庭うどん」などが好き。灰色の味噌でごった混ぜにするじゃじゃ麺は見た目が悪い、と感じるのかもしれない。秋田の人は「地元で採れたものでつくる秋田の食こそナンバーワン」という意識が強く、他県で作られたメニューはなかなか受け入れないのではないか」と話していた。

これは筆者の見方だが、岩手のじゃじゃ麺は秋田県民にとっては「食事としては物足りない」くらいに考えられているのかもしれない。

青森発の「魅力のラーメン」

味の濃い食事は、秋田県にとどまらず、東北各県でも共通の課題だ。それぞれの県で実情を重くみてさまざまな対策を取っているが、隣県同士で共通の取り組みをしたり、密に連絡を取っている印象は薄い。それぞれの県ごとに事情があるのだろうが、もう少し協力して前に進めればより高い効果が出るのでは、と思うことも多い。

ねぶた祭、りんご、吉幾三、恐山――。青森県のイメージはいろいろ浮かぶが、筆者にとっては「本場の煮干しラーメン」だ。秋田から青森に出かけるたびに無性に食べたくなる。三方を海に囲まれた青森県は海の幸の宝庫だ。具材だけでなく、だしになる魚介類にも事欠かない。

実は近年、隣接する秋田県でも青森県に近い北部を中心に煮干しラーメン店が増えてきている。灰色のスープの独特な香りと味は、秋田県民の味覚にもマッチし、じわじわと広がっている。

なぜ「青森=煮干し」なのか。ルーツは青森市に隣接する陸奥湾や、八戸市が接する太平洋で取れるイワシやアジの煮干しにある。陸奥湾のものは一度焼いてから天日干しし「焼き干し」になることも多い。焼き干しは炭火などが使われ、「香りが普通の煮干しの三倍近くになる」と話す人もいる。今や高級食材の「焼き干し」ベースのラーメンが青森で長く親しまれてきた。

本場の煮干しラーメンが味わえるのが青森市や弘前市だ。地元の人によれば、二つの流れがあり、煮干しがほのかに香るさっぱり醬油味の「王道系」と、煮干しの味が鮮明な「濃厚系」だ。

本場の味を求めて、青森市内のある有名店を訪ねた。ふんだんに使われた煮干しの粉がおわんにつくほどで、「中盛り」の割には麵や具が多い。太めの麵と食べると、煮干しの濃い香りが口の中に一気に広がった。残ったスープをご飯と一緒に食べると違う食感があり、二倍の満足を感じる。

店の看板メニューは、特製の数種類の煮干しを大量に使う「濃い口」と、はらわたを丁寧に取り除き、生醤油のキレと酸味でさっぱり仕上げた「あっさり」だ。

青森市内では早朝からラーメンを食べる「朝ラー」の習慣が定着し、通勤・通学時に食べられる店も少なくない。煮干しラーメンの店が県外でも増え始めたのはここ一〇年ほどだという。

青森も秋田と並んで料理の塩みが強く、漬物や筋子などの魚卵、味の濃い麺類といった食事が多い。青森県の平均寿命は、比較的長命の長野県や滋賀県とは約二年半の差があり、四〇～六〇代の男性を中心にどの年代も短命の傾向にあり、「短命県」という不名誉な呼ばれ方がある。

二〇二四年夏、青森県民の健康事情に詳しい弘前大学の中路重之特別顧問は秋田県大潟村で講演し、青森県民や秋田県民の平均寿命は昭和四〇年頃から現在に至るまで、都道府県別で下位の水準にあることを紹介した。背景には「飲酒、喫煙、運動不足、塩分摂取の過多などの悪い生活習慣に加え、健診受診率も低い状況にある」「健康の教養を身につけ、健康に関する県民全体の盛り上がりが必要」と指摘した。

このため中路さんは、青森の市町村がそれぞれ「健康宣言」を出すことや、小中学校での健康授業、地元企業の健康経営認定制度、各地での健康リーダーの育成などを推進している。また最近では、生活習慣に密接な項目（野菜摂取量など）を測定する「ＱＯＬ（生活の質）健診」などの普及を後押ししてきたという。

青森は「だし活」で減塩

こうした事情もあり、青森では一四年度から、だしを使って減塩を図る「だし活」を推進してきた。三村申吾知事自ら啓発に乗り出し、地場スーパーも協力してきた。染みついた「しょっぱ口」を変えるのは容易ではなさそうだが、隣県にとっても共通の課題だ。

青森県の農林水産部・総合販売戦略課の担当者に課題を聞いてみた。

――「だし活」が始まった経緯は。

二〇一六年の調査では県民の一日の塩分摂取量は一〇・五gで、県が目指す八gを超過していました。他県から来て「味が濃い」と話す人は少なくないのです。

現状を改善しようと管理栄養士の資格を持つ職員が「だし活」を提案し取り組み始めました。減塩には、だしの活用が効果的なのです。調理に手間がかかるため敬遠されがちですが、県産の水産物などで未利用なものもあり、これらで作っただしを活用しようという狙いがあります。野菜をたくさん食べて塩分の排出を促す「だす活」も一九年に打ち出しています。

――「減塩」という言葉は、あえて避けているのですか。

その言葉は、普段から健康を強く意識する人には響くのですが、あまり関心がない人には「味が薄い、おいしくない」というイメージから聞いただけで拒否反応を起こす人もいます。津軽には「じょっぱり（意地っ張り）」という言葉もあるくらいで、味に頑固な人が少なくないのです。なので関連商品や啓発活動にも、「減塩」という言葉はそれほど使わないのです。

――具体的な施策は。

一四～一九年度は「だし活」を知ってもらう活動が中心でした。二〇年度からは誰もが手軽に「だし活」「だす活」を実践できるよう、著名な料理研究家を招いたイベントを開いたり、食品企業と塩分を控えた商品を開発したりと、県民の行動を変えたいと思ってきました。

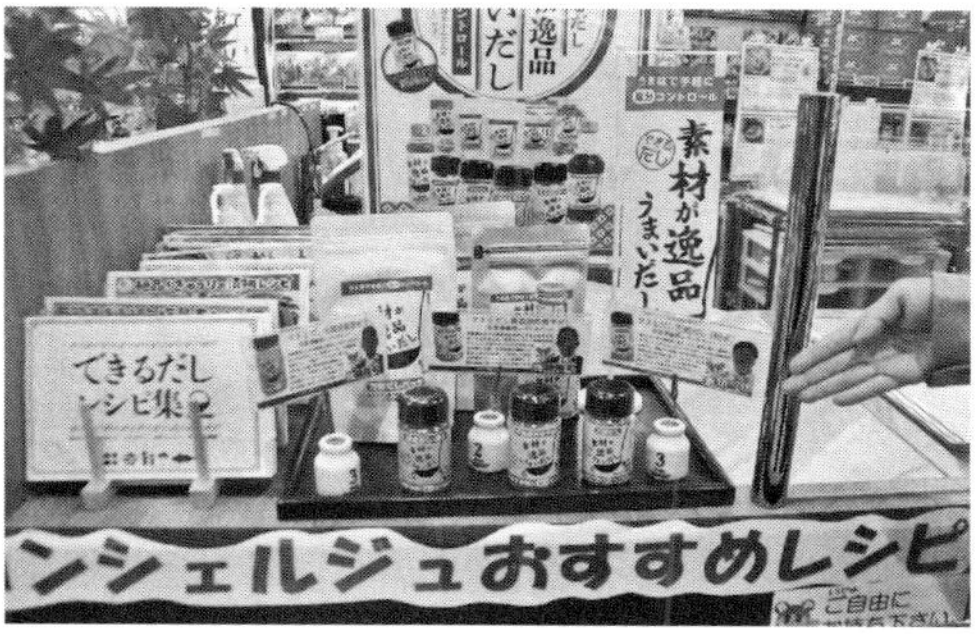

青森市のスーパーに並ぶ「できるだし」

健康寿命を延ばすには何より継続的な普及・啓発が重要です。例えば、乳幼児健診の際、県と食品企業や流通業者、生産者、学校栄養教諭などが開発した商品「できるだし」のサンプルを配っています。食品メーカーや流通業者、県などの「協議会」も一四年度に組織しました。「できるだし」の普及について意見交換し、スーパーの目立つ場所に置いてもらい、調理法を紹介するチラシも配布しています。

――今後の課題は。

健康意識が高い県民を中心に「だし活」は定着してきましたが、まだまだ減塩に関心の低い若年層をはじめ無関心層へのアプローチが必要です。「だし活」商品の開発をさらに進め、総菜市場が拡大し、スーパーの総菜で減塩を進めていく食環境づくりが効果的とする調査もあります。

「だし活」の推進には、農林水産関連だけでなく健康福祉部門との連携がカギで、一体となった啓発が必要です。食生活は幼い頃からの影響がとても大きく、それを変えていくことが非常に重要だと考えています。

実際にどんな啓発をしているのか。青森市内のスーパー「カブセンター西青森店」を訪ねた。入口から入ってすぐに、三村知事（取材時）の動画が目に飛び込んできた。「塩分を取りすぎた生活が長く続くと　あたる！（脳卒中）　止まる！（心不全）　腎臓が使えなくなる！」「（野菜は）あと五〇gアップしましょう！」。黄緑と赤のかっぽう着姿の知事が、画面越しに呼びかけていた。

運営する紅屋商事（本社・青森県弘前市）の担当者によると、県から定期的に届くこうした啓発動画を、店内で流し続けており、店内では「できるだし」も目につく場所にあり、近くには、減塩を促すカリウムを含んだ野菜を紹介する掲示も。これほど目立つ扱いは秋田県ではなかなか見られない。青森県の現状の危機感の強さが伝わってくるようだった。

紅屋商事はかねてから食育に積極的で、店舗で啓発を続けてきた。近年は減塩対策を強化する県の要請もあり、啓発の旗なども設置した。

一方で青森の外食業界関係者からは、減塩の必要性は感じながらも「先祖代々続いてきた青森県人の「しょっぱ口」は、本人が体調を崩して医者から止められたりしない限り難しいのではないか。全体的に昔と比べれば味は薄くなる傾向にあるが、減塩しすぎると「食べた気がしない」

というお客さんの声も根強い」という声もある。減塩意識の浸透はなかなかハードルが高いのが実情だ。

積極的にＰＲを続けた三村・前青森県知事

青森での食生活改善の取り組みは特に三村・前知事が前向きで、メディアを使った啓発にも積極的だった。任期を終えて退任した三村氏に改めて聞くことができた。三村氏は青森県の旧百石町（現・おいらせ町）生まれで、東京大学を卒業後、新潮社に入社し文芸作品の編集を担当した。百石町長、衆議院議員を経て〇三年から青森県知事を五期務め、二三年六月に退任した。

「だし活＋だす活」歴代担当者をあしらったＴシャツを前にインタビューに応じる三村申吾・前青森県知事（青森県おいらせ町，2023年10月）

地元・おいらせ町でのインタビューで、三村氏は当時をこう振り返った。

――「減塩」という言い方ではなく「だし活」にかじを切った背景を教えて下さい。

青森は生活習慣病で四〇、五〇代の若さで亡くなる人も少なくなく、知事として県民の命と健康を守ることは大きな課題でした。いくつか公約を掲げていましたが、常にその中の一つ、と考えていました。

一つの契機になったのが、若手職員向けの、庁内ベンチャーという新たな施策を提案してもらう取り組みの中で出されたアイデアでした。その一つとして現場の管理栄養士から上がってきた案が「だし活」でした。

これは事実上の減塩ですが、「減塩」の言葉にはおいしくないイメージが拭えません。むしろだしのうまみを生かし、だしの食材が豊富な県産品の消費を進め、だし商品「できるだし」を開発し、「健康」と「物販」をこのベンチャーのチームが担い、県民の意識を変えていく方向にしたのです。

県民の健康寿命の現状にはまだ課題があります。それでも一日の野菜摂取量は当初約二五〇gでしたが、任期中に約五〇g余り増えました。目標値は三五〇gで、あと五〇g。現場の職員に支えられながら取り組んだもので、職員たちは九〇点以上の仕事をしてくれました。

――なぜ青森では減塩がなかなか進まなかったと思いますか。

私が子どもの頃は川には鮭がたくさん上ってきました。その他の近海にいる魚もたくさん取って吊るして干し、または保存のために塩漬けにしました。冬は野菜が少ないから漬物にして備え、これらの魚や塩蔵した魚卵もたくさん食べていました。いざ口にしようと塩を薄めようとしても抜け切らないからそれを口にしていたのです。

あと「食べ物は無駄にしないように」「残すのは失礼」と親たちから教わり、今もその考えは根強いです。だから汁物もスープは残すのがもったいないという感覚があるのです。寒くて汁物が好きだから、味が濃いカップ麺やラーメンのスープも全部飲む。カップ麺はまるで県民食のようなもので、箱単位で買う。多くの県民がそういう環境で育ってきました。

さらに地元でつくられる酒がうまい。集まって鍋やバーベキューをしたりするのも好きで、いざ酒となれば、欲しくなるのはどうしても塩分の多いアテ、つまり肴です。青森ではおいしい食材がたくさん取れます。これがお酒と合うように実にうまく塩蔵されています。そうなると塩分消費は多くなります。これは青森県民のＤＮＡに深く根付いてきたものと言えます。

またスーパーなどに並ぶ総菜といった中食や外食に携わる人の中には現状に疑問を抱き、「塩や醤油だけでなく、青森のだしを生かしたもので勝負したい」という声があったのも事実です。「食命人《しょくめいじん》」という、素材そのもののうまみやだしで、中食・外食のあり方を変えようという取り組みも行われました。

英国に倣い「無意識の減塩」を

――今後どのような対策が必要ですか。

「だし活」に取り組んでしばらくして、長寿で知られる長野県と青森県の違いについて関心を持ちました。長野の方に聞くと、酒もそれなりに飲むし塩分摂取も青森と同様に多いのですが、長野は野菜摂取量が多く、青森と一日一〇〇gという大きな開きがあることがわかってきました。そこで野菜摂取を増やして塩分を排出する「だす活」の啓発も始めたのです。英国では「無意識の減塩」という策もあり、これは今後のヒントになります。英国では食品企業に塩分量の自主規制を働きかけ、段階的に加工品などの減塩を進め、健康作りにつなげてきました。パンなどに含まれる食塩を減らすとともに、減塩に取り組む企業をメディアが取り上げたりしています。

家庭の取り組みも重要ですが、同時に行政が食品業界などに減塩やだしの味付けを働きかけ、消費者が無意識のままでも、結果的に摂取の改善につなげる対策もあり得るでしょう。中食への働きかけも一層問われます。健康的な総菜や弁当を提供するとともに、総菜には県産食品を使い、地産地消に努める。販売結果や利益を県内の大学と検証し、それをスーパーに還元していく。こうして産学官をつなげていくことも大切です。

味覚は生活習慣が培うものなので、子供たちや若い世代への継続的な啓発が欠かせません。カップ麺などの汁は極力残すとともに、「だし」が生きたうまみのある給食、野菜が多めの食事、すぐに車に乗らない、定期的な運動を促すなどの取り組みが普及するかが問われます。将来的に生活習慣が変われば、県民の「舌」もきっと変わっていくと思います。

――隣県や国との協力の可能性はありますか。

北海道や東北地方といった寒冷地では「しょっぱい味」の改善は共通の課題です。北海道と北東北三県の知事が一七年八月、野菜摂取量を増やすことや栄養バランスの取れた食生活への転換を図る啓発の取り組み、減塩対策・課題の共有を掲げた「行動宣言」をまとめたことはあったのですが、その後の県をまたぐ議論はそれほど多くありませんでした。それぞれの事情や気候、県民性も違い、結束した取り組みが足踏み状態だった面はあります。青森県は一八年、国に対し「いつの間にか減塩（無意識の減塩）できる環境づくり」の政策提案をしましたが、それも含めて国の動きにも期待しています。

青森で印象的なのは、行政やスーパーなどの業界が協力していく取り組みだ。またメディアを通じたＰＲの量も秋田よりは多い印象を受けた。いかに本腰を入れるかは行政や関係業界・団体の手腕次第だ。

岩手では減塩醬油

岩手県は秋田県や青森県とはまた違う形で、薄味を目指す取り組みを進めていた。

岩手県によると、塩蔵などの伝統的食文化に加えて、一一年の東日本大震災直後は避難所でインスタント食品が多く配られたため、被災者の食生活も塩分過多の傾向が出てしまったという。県は、主食や主菜用のスペースを区切ることで適量をわかりやすくした「バランス弁当箱」を作ったり、一五年度から毎月二八日を「いわて減塩・適塩の日」と定めたりして、減塩意識の浸透を図っている。

盛岡市のJリーグチーム「いわてグルージャ盛岡」は、岩手県内の醤油メーカーが協力して製造した塩分二五％カットの特製醤油を試合前に観客に配布し、減塩を啓発してきた。ホームとアウェーの両方の試合で配ると、観客からは「知らなかった」「有意義な取り組み」と反応は好意的なようだ。

二二年一〇月、盛岡市のいわぎんスタジアムで開かれた試合前に、会場付近を取材した。列をなすサポーターに白い袋が手渡されていた。中には岩手県味噌醤油工業協同組合と研究機関が開発した減塩醤油「いわて健民」のボトルと「岩手県は脳卒中死亡率が全国ワーストワンだと知ってましたか？」と書かれた減塩を呼びかけるチラシ。醤油を口にしてみると確かに若干味は控えめだ。

グルージャの担当者によると、岩手は「盛岡冷麺」や「じゃじゃ麺」「わんこそば」などの麺文化や、豊かな海の幸に支えられた食文化によって塩分が多めになったり、肥満になりがちだという。盛岡市や醤油メーカーと協力し、二一年から「いわて健民」を買い取り、配布し始めた。意外だったのは、アウェーでの反応だという。「こんな醤油があるのか」「この商品を知れてよかった」と相手チームのファンからも予想以上に好意的な声が寄せられた。担当者は「岩手の商品の知名度アップにもつながっている」と話した。

製造に協力したメーカー関係者によると、「いわて健民」は複数の県内メーカーの醤油をブレンドした特製品だ。「セミナーなどでPRするよりも、サッカーの試合会場の方がより幅広い層に伝えられる。減塩で効果を出すのは根気が必要だが、それでも地道に続けたい」と意気込んだ。

一方、「減塩納豆」で東北地域の消費者の健康につなげようと試行錯誤する食品メーカーが青森県三戸町の「太子食品工業」(一九四〇年創業)だ。工藤裕平副社長に、東北ならではの〝塩分事情〟と向き合う思いをインタビューした。

――「減塩納豆」を作り始めたきっかけは。

東北で健康食品を販売する立場として、地元の人たちの健康状態を少しでも改善したい、という強い思いがあります。

東北各県が減塩対策に本腰を入れ始めたのは東日本大震災の後の二〇一三、一四年頃からです。岩手県では一〇年代半ばから、毎月二八日を「いわて減塩・適塩の日」と定めて啓発を続けています。青森県も「短命県」を返上しようと、一四年から塩の代わりにだしを使って減塩を進める「だし活」に取り組んできています。こうした流れを受け、弊社も一五年秋に、たれの塩分を四〇%カットした減塩納豆を初めて製造しました。

減塩納豆づくりにかける思いを語る太子食品工業の工藤裕平副社長(2022年6月)

しかし、評判は決して良いとは言えませんでした。顧客から寄せられたのは「味が薄い」「味がしない」「納豆のたれだけを減塩しても仕方がない」「食品はおいしくあるべきだ」という声でした。こうした反応を踏まえ、豆を国産にしてみたり、塩分カットの割合を三〇％にしてみました。

――その手応えはどうですか。

しょっぱい味が好きな東北の人たちは、減塩の必要性は感じているようですが、実際に減塩納豆を手にする人はまだ予想以上に少なく、残念ながら売れ行きは伸び悩んでいます。気軽に手に取ってもらえるよう、一パック増量なども して認知度アップに努めました。

――苦戦の背景をどう見ますか。

東北の人の「しょっぱ口」は、おそらく気象条件や長い歴史があるからでしょう。東北に減塩を根付かせるのは決して容易ではありません。先祖代々受け継がれてきた家庭の食事の味付けに慣れた「舌」を変えていくのは大変なことで、おそらくまだ時間が必要です。

――味が濃い食による健康への影響が懸念されています。

塩分が多めの食習慣から、過去の健康寿命のランキングを見ても東北各県は比較的下位を占めてきました。健康維持には適度な運動も必要ですが、東北に住んでいると冬は寒くて雪が多いため、運動する機会は限られています。かつては人の手でやっていた雪かき作業は機械化され、小中学生も学校の統廃合で徒歩通学の機会が減り、部活動も規模が縮小する傾向にあります。

一方で寒い中で食べる味噌汁や鍋、ラーメンのうまさは格別です。塩分を多く取ってしまうのは、冬場の食材を塩蔵する文化の名残に加え、こうした気候的、社会的な事情もあると思います。

――販売が伸びなければ、減塩納豆を作り続けるのは難しいですか。

確かにまだまだですが、手応えはありました。契機になったのがコロナ禍です。巣ごもりで過ごす人が増え、健康的な食生活を意識する人が増えました。また基礎疾患を抱える人はよりリスクが高まるとの認識が広がり、日ごろの健康管理への関心が高まったのです。

また、全国的には納豆の「おかず化」や「おつまみ化」が進み、全国納豆協同組合連合会の一九年の調査では「ご飯にかけず食べる」割合が、〇九年には一一・三%でしたが、一九年には一六・八%に増えました。特に東北は納豆の消費量が多く、一層の拡大を期待しています。

世界文化遺産の「縄文食」体験

東北地方での「濃い味対策」は共通の課題だが、元々はそれほど濃かったのかどうかは定かではない。はるか縄文時代にまでさかのぼると、素材の味を大事にする素朴で豊かな生活をしていたようだ。東北各地には縄文遺跡が残り、当時の食生活の様子もうかがえる。関係者の間では、改めてこうした素朴な味を見直す時期に来ているのでは、という声もある。

縄文人の食習慣を体験するツアーを取材したことがある。会場は秋田県鹿角市の「大湯ストーンサークル館」で、市民らが参加し、当時の食材と現代の食事との違いに驚きの声を上げていた。

ストーンサークル館は世界文化遺産「北海道・北東北の縄文遺跡群」を構成する「大湯環状列石」に隣接している。鹿角市内への旅行需要を掘り起こす「ヘリテージ・ツーリズム」活動の一環だ。一行は、ヤマブドウのジュースを飲みながら、ワラビやフキに加え、トチの実とクルミの粉末などを口にした。さらに土器を焚火で熱して湯を沸かし、ワラビやフキ、ゼンマイを入れ、そこにキノコ類を加えることでうまみが増すことを体験した。

ガイド役でかづの観光物産公社の担当者は、この地域で発掘された土器を分析した結果、こうした食材が推測されると解説した。ツアー客に「味がない木の実にクルミや栗を加えることで次第に味が変わる。縄文の人たちは味を次第に豊かにしたのだと思う」と語りかけた。

参加者からは「もう少し塩分が欲しかったが、思ったより素材の味がした。キノコが入ると味が変わった。トチの実はすごく苦くて薬のよう」といった声が上がった。

時代が下り、古代になると秋田ではキイチゴやアケビなどの野生の果実に加え、米やナス、シソといった栽培植物、さらにコイやアユ、フナ、シカ、イノシシなどが食べられていたとされる。紀元前二〇〇〇～一五〇〇年頃人々は何を食べていたのか。大湯ストーンサークル館の花海義人館長に体験の狙いなどを聞いてみた。

――「縄文食」とはどのような食事ですか。

縄文人が口にしていたもので、この近辺では春はフキノトウやフキ、ゼンマイといった山菜、夏から秋にかけてはタケノコやキイチゴ、ヤマノイモに加え、コイやフナ、イワナなどの魚です。秋はドングリやトチ、クリなど木の実に加え、きのこ類やヤマブドウ、アケビ、サケ、マスも口にしていたようです。

土器に地元食材を入れて再現した縄文食．周囲の串焼きは鮭（鹿角市，2022年9月）

冬は狩猟でウサギやタヌキ、イノシシ、シカ、アナグマ、テン、マガモ、キジなどを捕らえて食べていたことも土器に付着している炭化物からわかっています。土器で煮たり焼いたりし、木の実は製粉したり水につけてあく抜きをしたりしていたようです。つまり生活と自然が一体化した「天然そのまま」だったのです。

当時の気候は今とほとんど変わりません。冬は今より寒かったけれど、動物の毛皮にくるまればそれなりに温かい。おそらくクマやシカの毛皮などを着ていたのではないでしょうか。毛皮で作った靴や毛皮の手袋なども着けていた可能性があります。

――食べ物はどのようにとっていたのですか。

おそらく集落の周りに原っぱなどがあり、頻繁に行き来するので雑草を刈るが、食べられる実がなる木は切らずにいたのでしょう。そういう生活が続き、食用できる木が結果的に残って栽培されるような形になったとみられます。

伊勢堂岱《いせどうたい》遺跡(北秋田市)の辺りでは海の魚の形跡も見つかっています。今は内陸ですが当時は海が近かったようです。鹿角の縄文人は海の魚と内陸の食べ物を交換していたのかもしれません。特にシカなどの四足動物も結構食べられていたようです。冬は雪で視界が広くなるため狩猟に向いているのですが、実は夏に食料が不足しました。

味噌や醤油を口にするようになったのはずいぶん後の江戸時代頃からで、縄文時代は動物の生肉や血などから塩分を取っていたのでしょう。

「本物の自然の味」を知る

――おいしく食べるために工夫していたのですか。

この辺りではフラスコ状の深さ二mくらいの穴が見つかっています。中の気温は一六度前後で保たれ、乾燥した肉や木の実などを貯蔵していたとみられます。味はおそらくほとんどなく、さまざまな味に慣れた現代人が食べれば「まずい」「くさい」と思うかもしれません。栄養は乏しく、大人の身長は一六〇㎝ほどで、平均寿命は三〇~四〇歳くらいでした。

――なぜ今「縄文食」の体験に力を入れるのですか。

飽食の時代に生きる私たちは、加工食品に囲まれて人工的な味が当然のものとなり、「本物の自然の味」が遠くなりました。縄文食を食べることで、当時への関心や理解をさらに深めてほしい。そして「おいしい」「おいしくない」の原点の味や味の変わりようを知ることも大切だと思うのです。

近年は世界情勢が不安定で食料の安定供給が危ぶまれる状況です。一方で鹿角や東北各地の自然に目を向ければ、食べ物はあちこちにある。いざとなれば自然の道具で火をおこし、近くにある魚や草を食べて生きていけます。

自然災害や戦争、食料危機など予想外の事態が起きれば、電気は使えなくなり、スマートフォンも役に立たなくなるかもしれない。生き延びるための重要な知識として自然の食について考えるきっかけにしてほしいのです。それがきっと心の余裕にもつながるはずです。

特にスマホなど便利なものに囲まれた子どもたちに体験してほしい。若い世代の反応は決して悪くありません。甘い木の実は「キウイのようにおいしい」、苦いドングリも「おいしい」と口にする子もいます。

東北に長年根付き、保守的な文化や慣習にもつながる「しょっぱ口」は今後変化していくことになるだろうか。改善の取り組みや進み方もまた、より開かれた地域になるための一つの試金石になるのではないか、という気が筆者はしている。

各地を取材しながら残念に思ったことがある。各県とも最重要課題の一つと掲げているのに、それぞれが自前でアイデアを打ち出すことが多く、隣県から積極的に学び、相互に参考にして生かそうという機運がなかなか生まれない。食生活は隣県で通じ合う部分も多いだけに、さらに相互に学び合ってはどうか。県境を頻繁にまたぎ、見聞きして比較したりすることで、取り組むべきことが改めて見えてくるのではないだろうか。

第4章

もったいない秋田

夕日に映える男鹿半島のゴジラ岩

これまで見てきたように、人口減少によるさまざまな影響が予想される秋田。今後予想されるのは、各地のコミュニティが縮小されていくことだ。交通網や基本的な行政サービスの効率化が徐々に進んでおり、それに伴って学校の統廃合や部活動での合同チームの結成、地域の祭りのとりやめといったニュースも相次いでいる。

だが、その中でも新たな発展に向けた工夫や取り組みがある。地元が持つ力を再発見し、新たな価値につなげることはできるだろうか。

男鹿半島のゴジラ岩　観光名所を作り出す

大都市から遠く離れた秋田。だからこそ秋田にしかないもの、地元ではあたりまえの、日常風景として見過ごされてきたものを別の視点で見直すことで、新たな価値が生み出される可能性がある。そんな観光地を紹介したい。地元の人や県外の人、あるいは国外の人がその独自性に気づき、その人たちの発信をヒントに着想が広がり、観光スポットに発展した場所だ。今まで「観光地」とされてきた場所だけでなく、作り出せる「観光地」があると気づかされる。

その一つが男鹿半島の南側にある「ゴジラ岩」だ。ここは地元の人が「ゴジラに見える」と撮影し、それが後に知られるようになった。

秋田県男鹿市のアマチュア写真家、平野宅悦さんが男鹿半島南側の海辺にある高さ六mほどの岩を「ゴジラ岩」と呼び、写真を撮り始めたのは三〇年近く前の一九九六年にさかのぼる。平野さんは釣りで海に出ていた。夕焼けが鮮明になり、ふと岩場に目をやると、不思議なシルエットが浮かび上がった。どこかで見た形だ。

「ゴジラだ！　どう見てもゴジラにしか見えない」

その後、男鹿市を代表する観光地の一つとして知られるようになるのだが、当時は地元の一部の人の間で「怪獣の岩」とひそかに呼ばれるに過ぎなかった。

平野さんが生まれたのは一九五五年。映画『ゴジラ』の第一作が公開された翌年だった。「ゴジラ」に親しんで育った平野さんが、その岩の形からゴジラを連想するのは自然なことだった。撮影したゴジラ岩が初めて多くの人の目に触れたのは、平野さんが活動していた「男鹿半島観光ボランティアガイド会」の会報誌『あいの風』九七年四月号だった。

B4サイズの会報の裏側に、写真とともに小さな記事が載った。こう紹介されている。

「夕陽を食らうゴジラ（潮瀬崎）通称ゴジラ岩と呼んでいるが、いにしえ人は何と呼んだのだろう。狛犬？　獅子頭？　恐竜？　怪獣？　あなたにはどう見えますか？　いずれにしても隠れた夕陽ポイントとしてお勧めします」

これが転機になった。たまたまニュースを探していた地元メディアの記者が地元の観光関係者を通じてこの記事を知って取材し、放送した。すると秋田県内にとどまらず、全国で知られる存

もう一つの奇岩，キングコング岩（平野宅悦さん提供）

在にまで広がった。二五年余りを経て、ゴジラ岩は秋田の観光ポスターの定番になったのである。

誰が見てもゴジラにそっくりなシルエット。時折、口の中に夕日がすっぽり入るような形の面白さ。さらに夜空にも映えるなど、「どの季節、どの日にも違った姿を見せるのが魅力。多くの人がその不思議な力に引きつけられている」と平野さんは言う。

男鹿市はその後、明るい社会づくりに貢献したとして、平野さんを表彰した。「奇岩『ゴジラ岩』を男鹿の新たな景観スポットとして世間へ知らしめた」のが理由だ。

平野さんと一緒に、ゴジラ岩に向かった。長年慣れた定位置で、いつも通りカメラを構える。今や全国的に知られるようになったこの岩を見ながら、平野さんはつぶやいた。

「一つの岩も、見る角度や視点を変えてみると、まったく別の面白いものが浮かび上がる。人生も同じなんだろうな」

少し前に発見し、注目している岩もある。ゴジラ岩から約二km東にあり、ゴリラのような形をしている。平野さんはこれを「キングコング岩」と名付けた。

奇岩が並ぶ男鹿半島。人口減少に悩む地元だが、ここからさらに新しい観光スポットが見出され、作り出されることで、多くの人が足を運ぶようになるのかもしれない。

こうした「見出された観光スポット」の魅力をより高めるためには、旅行者が気軽に行きやすく、より宿泊しやすい工夫が必要だ。しかし現状は、ゴジラ岩周辺の駐車スペースは限られ、誘導の整備もまだ不十分だと筆者は感じる。男鹿市には、日本海を望む岬・入道崎や、「日本の渚一〇〇選」の一つである鵜ノ崎海岸といった魅力ある場所があり、まだまだ観光地としての潜在力は高い。地元行政や関係者には、観光客の需要や声を逃さず、実行に移していく柔軟さが求められている。

台湾の観光客が見出した八幡平の「ドラゴンアイ」

岩手県と秋田県にまたがる絶景で知られる八幡平。この頂上から二〇分ほど山道を歩くと、円形の沼が見えてくる。真ん中には雪が残り、その中央は溶けていて、まるで「目」のように見える。毎年五～六月にしか見られない「八幡平ドラゴンアイ」だ。

筆者は一九九九～二〇〇四年に岩手県に赴任していたが、当時、ここは八幡平に点在する沼の一つに過ぎなかった。ここの正式名称は「鏡沼」。「ドラゴンアイ」という名前はまったく耳にしたこともなかった。

「まるでドラゴンブルー」

雪の中の八幡平「ドラゴンアイ」(仙北市，2023年5月)

岩手県八幡平市観光協会の事務局次長、海藤《かいとう》美香さんによると、台湾からの観光客が一五年、SNSで発信したのが「ドラゴンアイ」が生まれたきっかけだ。

「発信源」となった観光客は、若い二人組の女性だった。台湾からのチャーター便で四月に三日間ほど岩手を訪れた。訪れた先の一つが、八幡平アスピーテラインの「雪の回廊」だ。頂上に着くと、まだ雪山のままだった。温暖な台湾では雪はめずらしい。女性たちは喜んで山奥に進んだ。そこで見つけた鏡沼を見て、何気なく発信した言葉が「ドラゴンブルー」だったという。

海藤さんによると、この後「ここは一体どこだ?」という台湾からの問い合わせが突然増えた。地元のホテルはゴールデンウイーク後、閑散期に入る。それだけに、新たな需要に沸き立った。

想像上の動物、ドラゴン=龍は中華圏を始めとするアジアでは特に縁起がいいとして好まれる。「協会では「八幡平ドラゴンアイ」で統一して発信することをすぐに決め、商標登録しました」と海藤さんは語る。毎年、微妙にその形や色に変化を見せるドラゴンアイは、国内外からの観光客を引きつける人気スポットになった。

実は、ドラゴンアイの所在地は岩手県ではなく、秋田県仙北市だ。ところが首都圏からは盛岡市を経由して入る方がアクセスしやすいため、秋田ではなく岩手側からの発信や売り込みが人気を牽引する形になっている。

こうした動きについて、秋田側は「ドラゴンアイは八幡平地域の宝であって、岩手側と誘致競争をするつもりはまったくない」(仙北市の担当者)と静観する。だが「「岩手にお株を奪われた」というもやもやした感覚がなくはない」と、複雑な思いを抱える観光関係者もいる。

岩手県八幡平市観光協会は「八幡平龍之眼」としてアジアの観光客にアピールしている

龍は秋田にもゆかりが深い。八幡平を秋田側に抜けて南にあるのが田沢湖だ。湖のシンボルとして知られる「たつこ像」は、ほとりの村に住む美しい娘辰子が、その美貌を保ちたいと泉の水を飲み続けたことで龍になったという伝説にちなんでいる。また、今は干拓地となった八郎潟には、龍神「八郎太郎」にまつわる逸話も残る。

こうした言い伝えにドラゴンアイを加え、「八幡平から南に龍のように流れる玉川を「ドラゴンリバー」と位置づけ、玉川のダム湖・秋扇湖の水没林を含め、一緒に観光スポットとして宣伝していく構想もある」

(仙北市の関係者)という。

「台湾からの観光客が、私たちには想像もつかなかった新たな視点をくれたのです。あとはこの魅力をどう増やしていくかが大切です」と海藤さんは語る。八幡平の山頂レストハウスでは、土産品の販売や長靴の貸し出しなど、来客の声を聞きながらサービスを増やしてきた。

さらに海藤さんはこう指摘した。「国内外から来た人の声にいかに耳を傾け、「また来たい」と思ってもらえる場所に改善していけるかどうか。その継続なしには観光地の発展は難しい。あぐらをかいたままで「黙っていても人は来る」時代ではありません」。

見せ方や発信のやり方によって、ある場所に人が詰めかけたり、来なくなったりする。観光地とはまるで生き物のように、時代によって生まれては消え、めぐり合わせで常に変化するものなのだろう。


個人の藤園が観光スポットになった「十ノ瀬 藤の郷」


私有地の藤園が、国内外から人を呼び寄せる観光地に生まれ変わった例もある。

紫だけでなく、白やピンクの藤の花が並び、奥ゆかしい香りを漂わせていた。国内外からカメラを手に見物客が訪れ、熱心に撮影する。個性的なファッションの若者たちもおり、アングルを見定めていた。

秋田県大館市の山田茂屋地区に広がる田んぼの中、毎年五月に一斉に花開く民間の藤園がある。

一八年に「十ノ瀬《とのせ》　藤の郷」と名付けて情報発信したところ、その直後からSNSを通じて一躍注目を集める場所になった。

この一帯は、近くに住む会社員の男性の私有地だ。元々農業をしていた男性の父親が長年ここでビールの原料になるホップを栽培していたが、趣味で藤を植木屋から買い、個人的な藤園にしていた。

「十ノ瀬　藤の郷」で色鮮やかに咲く藤と観光客の若者(大館市, 2023年5月)

しかし、父親は一七年二月に八四歳で死去。残された男性は見よう見まねで草刈りや剪定をしていたという。「藤はきれいで、このままなくしてしまうのももったいない。だが手をかけないとどんどん荒れてしまう」と、今後の維持に不安を募らせていた。

そんな中、この藤園の価値を見出したのが、大館市出身のデザイナー、石山拓真さんだ。石山さんは、地域に隠された資源に新たな光を当てるプロジェクトなどに取り組んできた。以前からこの藤園が気になっており、情報発信を男性に持ちかけた。

元々ここには決まった名前はなく、たんに「地元の藤」に過ぎなかった。石山さんは知恵を絞り、近くにある「十ノ瀬山」の名前を藤園に冠し、デザインを工夫して自身のウェブサイトなどで発信し始めた。約二〇アールの敷地に約八〇本の藤があり、藤で一帯が埋め尽くされている様子が伝わるよう、写真の構図を工夫した。

この美しさが多くの人の目にとまり、SNSなどで評判が広がった。公開を始めた一八年、突然、一万人もの来園者が押し寄せた。二年目の一九年には二万人に達し、臨時の駐車場も整備するほどの盛況となった。

通常、観光客の誘致には行政が深く関わっており、補助金が関係する場所もめずらしくない。「十ノ瀬 藤の郷」は民間主導で有料化し、人が集まるスポットに生まれ変わった一例だ。何もしなければ、今も近所の人が目にとめるだけの藤だったかもしれない。石山さんはこう分析する。「藤には日本的なイメージがあり、色が奥ゆかしくもみじや桜のように親しみを持つ人は少なくありません。アニメ『鬼滅の刃』でも藤の花が登場しており、若い世代にも違和感なく受け入れられると思います」。

石山さんは、SNSで人気が上昇した理由として「行きにくさ」も挙げた。「大館は東京や仙台から来るには距離があるのですが、わざわざ苦労して来て撮影してそれを発信しています。若いインフルエンサーがそこにやりがいや面白さを見出してくれています」と話す。

都市部や人口の多い地域は観光客の誘致競争が激しいが、秋田には「埋もれた地」がまだある、と石山さんは見る。

「実は元々あったもの、あるいは一時期流行したが今は廃れてしまった場所があちこちにあります。そういう場所をもう一度磨いて光らせることは可能だと思います」

東北各地で足元をじっと見渡せば、ごく身近な場所に、多くの人を引きつけるスポットがまだまだ埋もれているはずだ。

「安すぎる料金」への懸念

秋田県の観光スポットや資料館に足を運んでみて筆者が時折感じるのは「料金が安すぎる」ことだ。利用する側にとってはありがたいが、円安もあって物価高騰が続く中でのあまりの安さに、「これで運営は大丈夫なのか」「サービスの提供者に利益がきちんと還元されているのか」と疑問に感じることが少なくない。

県南部のある郷土資料館の例を紹介しよう。歴史的に貴重な数々の品が展示され、とても勉強になったが、入館料はなんと大人一五〇円。さらに地元の有名芸術家の作品集まで無料でいただいてしまった。サービスに感謝しつつも、心配になった。

また、年に一度の見ごろを迎えるミズバショウが有名な山間部のイベントも、入場料は無料。主催者が景観維持のために相当な労力をかけているが、こうした貴重な景色に一銭も支払う必要がなく、任意の「協力金」の箱が置かれているだけで、逆に申し訳ない気分になったこともある。

ある雪の伝統行事に出かけたところ、地元の女性たちが手作りの漬物やおしるこを無料でふるまっていた。味が良く、料金を払いたいと申し出ると、「いりません。これは私たちの気持でやらせてもらっていることで、お金に結びつけるのは嫌いです」と断られた。「賽銭として一〇〇円で十分です」とも言われた。こうした対応に、訪れた外国人からは「(無料なんて)アンビリーバブル!(信じられない)」と驚かれるのだという。長年行事を続けてきた八〇代の女性は「景観を守るために、キッチンカーも断っている。スタッフはみんなボランティアです。こうしたおもてなしが口コミで広がり、お陰でリピーターが根づいているのです」と笑顔を見せた。「若い人からは(有料化の)意見が出ないのですか」と聞くと、「ない、というか言えないんです。きっと私が怖いからでしょう」とのことだった。

長年にわたりおもてなしの心意気で無料のサービスを続け、その理由は「わざわざ遠方から高い交通費を負担して来た人たちからお金を取るのは申し訳ない」からという心情は理解できる。だが筆者は素直に喜べなかった。若い人はボランティアで続けることに、本当に何の意見もないのだろうか。年々外国人が増え、物価高も進んでいる。年長者の強い声に何も意見を言わず、現状に納得しているのだろうか。せめて料金のあり方は意見交換した方がいいのではないか。そうでなければ行事の継続も危ぶまれるのではないか——。こんな思いがわいてくる。

これは筆者の中国での経験も大きい。中国各地の観光地ではまず入口で入場料として数千円を徴収し、中に入ってからも食事や土産でさらに数千円、と設定されていることが普通だった。訪れる人は、それをあたりまえと受け止め、文句も言わず支払っていた。「日本はお金へのこだわりが強い中国とは事情が違う」という声も出そうだが、これも一つの国外の現実だ。その後に秋田に住んでみて、この「サービスの価格」に関する日本と中国の事情の違いには改めて驚かされる。

秋田の食の豊かさについては第3章でも触れたが、米を中心に農作物が潤沢に収穫できたことからか、秋田県民はおおらかだとよく言われる。苦労して収穫できたものを「まあ、持っていけ」と気軽に口にし、細かいことをあまり気にしない。こうした雰囲気について、県内のある市長が「まるで周囲の人にたかられるお坊っちゃんのよう」と表現したことがある。

こうした秋田の人々の性格は豊かですばらしいと感じると同時に気がかりなのは、実際には高い価値があるにもかかわらず、それに見合った対価を手にすることなく、時が過ぎるにつれて〝損〟が積み重なっていく恐れはないか、ということだ。

秋田県の発展のためには、頻繁な人の往来が欠かせない。だが県内各地で高齢化が進み、人口の流入も少なく新しい発想や取り組みを柔軟に受け入れ、変えていこうという機運に乏しい現実がある。さまざまな資源の活用や適切な対価を得にくい背景にはこうした要因もあるのかもしれない。そして、外の人を受け入れつつも、善意が先に立って結果的に損をし続ける構造では経済的な豊かさにはつながらない。

「料金変動」を取り入れたアジサイ寺

そんな中、時期などによって価格を変動させ、より実際の価値に見合った料金設定を目指すところが出始めている。

「アジサイ寺」で知られる男鹿市の雲昌寺を訪ねた。秋田の初夏を鮮やかに彩る雲昌寺のアジサイは、平日や人の多い週末、また昼間や夜間によってさまざまな趣を見せる。実際にどんな取り組みなのか、筆者の問いに、副住職の古仲宗雲さんはこう説明した。

外国人観光客の姿が増えてきた雲昌寺（男鹿市，2024 年 6 月）

——雲昌寺では、見ごろの時期に拝観料金を変動させているのですね。

二四年は六月八日から七月一五日まで観覧を受け付け、平日は六〇〇円（拝観料三〇〇円に三〇〇円上乗せ）、土日を八〇〇円（五〇〇円上乗せ）にしました。二四年はアジサイの花が少なかったのですが、二三年は夜間も受け付けて一〇〇〇円、混雑時は一三〇〇円でした。台湾や欧米などからの外国人の割合は年々増え、二四年は延べ二万七〇〇〇人くらいが訪れました。

期間中、寺の周辺は人であふれ、駐車場もいっぱいになります。寺側では他の地域のように駐車料金を取っていません。こうした混雑を止めるには、その程度に合わせて拝観料金を高くすることなどで、人数の調整をしなくてはならないのです。一方で、混雑でご迷惑をかけている寺の周辺の方には無料の拝観券を渡す形にし、地元の方々も気軽に来られるようにしました。

――なぜ今のように人が集まるようになったのですか。

これほどの観光スポットになるとはまったく予想外でした。最初は檀家さんに喜んでもらえたら、という気持で挿し木を増やしたもので、始めた頃はわざわざ見物に来る人はいませんでした。ですが、その後に口コミで評判になり、地元以外の人が来るようになりました。料金を本格的にいただくようになったのは、一八年からです。

――複数の料金を設定した経緯を教えて下さい。

値段を安くすることで混雑し、周囲の方に迷惑がかかるくらいなら、ある程度高めの料金を含めて複数の料金にし、静かに見てもらった方がいいのではないかと考えました。それと「見られる時期が限られていて、京都や鎌倉に行っても見ることができないこのアジサイの景色を金銭的に評価するなら、今よりもっと高いのではないか」という気もしたのです。

ここのアジサイを美しく開かせるためには、多くの手間とコストがかかっています。肥料を購入し、虫やカビがつかないためには薬が必要です。水まきや清掃も欠かせませんし、花が咲いた後の剪定は毎年数カ所ハチに刺されることもあり危険です。また夏場の水まきは、数十匹の蚊に囲まれながらの長時間作業です。こうした一年間を通した作業と景色の希少性を考えると、今の料金でも決して高いものではない気がしています。

では、そうやって大切に育てたアジサイの美しさはいくらが適正なのか。なかなか難しいところですが、価値あるものにはそれなりの料金をつけ、それに見合った対価を受け取ることはまったく悪いことではないと思っています。

――地元への効果はいかがですか。

多くの人が集まれば、周囲の店や宿泊施設の収入も、地元の税収なども増えます。男鹿市は近年人口減少が進み、高齢化、限界集落化も心配です。そんな中で、お寺のアジサイで活気づけば周囲への波及効果は大きく、その収入は地元を元気づけています。これまで不十分だった駐車場の管理も改善できます。今からさらにそうした足がかりを築いていく必要があります。

秋田は歴史的に農林業や鉱業が盛んです。共同作業が多かった名残でしょうか、「人と違うこと」「他人より目立つこと」「周囲より多くお金をもらうこと」を良しとせず、むしろ暗に批判する雰囲気があるのかもしれないと、日々感じます。複数の料金を設けることへの抵抗感は強いかもしれません。ですが、本当に価値あると思われるものには、それに見合う値段がきっとあるはずだと考えています。

今後も、より魅力のあるアジサイを育てるとともに、質を高め、かけた労力に見合った地元の利益になる値段を定め、より多くの方に価値のあるお参りの時間を過ごせる場所にしていきたいと思っています。

プロバスケットボールチームはフレックス価格を導入

対戦相手や試合の注目度によってチケット価格が異なる「フレックス価格」。これを導入する試みを展開しているのが、秋田のプロバスケットボールチーム「秋田ノーザンハピネッツ」だ。主に試合の位置づけを星一つから三つまでの三つに分類し、大人だと最も安い二階自由席で二二〇〇〜二六〇〇円の四〇〇円、最も高いロイヤルシートで一万九五〇〇〜二万五五〇〇円の六〇〇〇円の幅を持たせたりしていた。

また、ハピネッツは二三年四月から、日本海が一望できる由利本荘市の道の駅「岩城アキタウミヨコ」の指定管理者になっているが、ここの温泉も利用料金を一律ではなく、段階を設けている。市の指定管理という事情もあり、一日の大人料金で市民は五五〇円、市民以外の秋田県民は六〇〇円、県民以外は七〇〇円とし、税金を負担している地元の人に一層配慮する形にしている。

これらの料金変動の取り組みについて、日銀秋田支店の片桐大地支店長は成果を期待する。インタビューに対し、改めて秋田が持つ潜在力の高さを強調した。

——サービス利用料や入場料について、価格を変動させる取り組みが一部で始まっています。

最近では全国チェーンのホテルなど人件費の比重が高いサービス分野では、季節や曜日、時間帯によって料金が変わることがめずらしくなくなってきました。

経営者にとっては、同一サービスなのに料金が異なるのはやや後ろめたいかもしれませんが、実際には休日や夜間では人件費が平日よりも高いこともあります。需要のピークに合わせて駐車場などを用意する必要がある場合、閑散期には過剰になる可能性もあるため、需要の大きい時期には利用者に応分の負担をしてもらうというのも、一つの合理的な考えだと思います。

秋田ではまだ少ないですが、料金を変動させたり、複数の料金を設定したりすること自体は今後あり得ると思います。

――複数の値段にすることで、どんな効果がありますか。

まず収益が増え、それによってサービスの質が高まり、顧客満足度が上がってリピーターを増やせる可能性があります。また従業員の待遇が改善して士気向上につながります。ただ、設定価格が利用者の満足や実際のサービスの価値に合わなかったり、特定の層だけ過度に高く設定したりするとかえって逆効果で、需要を落とす可能性もあります。特に近年はＳＮＳが発達し、瞬時に利用者に情報が共有されるので、その点は留意が必要でしょう。

――秋田の価格設定についての評価はどうですか。

観光サービスで言えば、工夫次第で価格を高められる余地は非常に大きいと思います。コロナ禍後は団体より少人数の旅行が増えましたが、秋田の温泉宿や自然はそれに対応しやすい。また東京などの大都会から離れ、奥羽山脈や鳥海山、白神山地などに囲まれている地形から、独特な祭や食文化など、ユニークさが際立っている面もあります。こうした需要と、秋田にある観光資源を丁寧に結びつけ、感動を得られるプランを用意していけば、より高価な価格設定は十分可能だと思います。

さらに踏み込んで、たとえば外国語で歴史や背景を説明したり、相手のニーズに応じたきめこまやかな対応を取り入れたりすれば、さらに感動が大きくなり、そうした付加価値まで含めて価格はさらに上げることができると思います。

「しっかり稼ぐ」余地はある

具体的な方法について、片桐氏はこう語った。

「同じサービスでも、一番見ごろの時期や見せるタイミング、ライトアップなどの時間帯によって料金を変えていくのは経営戦略の一つです。また、同じ食べ物を売るにしても、生産者や農家の逸話が聞けたり、酒蔵など実際の生産現場を見学したりといった体験を伴えば価値は変わります。他県や隣県も参考にしつつ、これらを結びつけていくなど、工夫の余地はまだまだあります。主催する組織や企業の側が「価格」をさらに強く意識することが、生産者や従業員へのより高い配分につながっていきます。顧客満足度を維持しつつ、しっかり稼ぐという意識が大切になってくると思います」

課題は観光戦略だけではない。秋田は農業県であり、確かに食料自給率が高く、日常の食材を物々交換している話も耳にする。こうした食材の豊かさや観光資源の魅力も含め、自分たちの実際の価値に見合った対価を日々得ているのかについて、前例に強くとらわれて長い間変えられず、なかなか真剣に突き詰めて考えることがなかったのではないか。「外の目」で秋田を見る筆者は折に触れてそんな思いを抱く。

秋田県人の気質について、地元紙「秋田魁新報」は二一年三月、一面にこんなコラムを載せた。

秋田県の県民性は「ええふりこき」などと言われる。当たっているかどうかは別にしても、秋田人に特有の気質があるということは古くから共通認識だったようだ。一九一五(大正四)年の本紙正月号にも県民性についての記事が載っていた。(中略)年頭所感として格調高い五つの小文からなる。それぞれのタイトルは「議論倒れの秋田」「団結的感情の希薄なる秋田」「守銭奴の多き秋田」「小人の跋扈する秋田」「凡人のみの秋田」だった。言わんとすることを要約すると「秋田人は議論ばかりでちっとも行動に移さないし、まとまりもない。目先の利益しか考えておらず、器の小さい者や凡人が幅をきかせている」。いくら何でもひどい言いようだ。(中略)激励の気持ちを込めて筆を執ったのだろう。大正時代の批判が今もそのまま当てはまるということではない。ただ県民性はなかなか変わりにくいものだとすれば、今でもこうした気質が幾分か残っているかもしれない。

二〇二四年度の秋田県民の最低賃金の水準は九五一円で全国最低となった。最高額の東京都は一一六三円で、二一二円もの差がある。こうした現実を見据え、より適正な「価値」や「価格」について、他県や隣県の実情も参考にしつつ、さらに議論や見直しが必要な時期に来ていると思う。

「秋田には何もない」。秋田に住むとよく耳にするフレーズだ。だが実際には十和田湖や八幡平、世界自然遺産の白神山地など豊かな資源に事欠かない。いずれも秋田県と隣県の境にあるのだが、県外では、白神山地＝青森県、十和田湖＝青森県、八幡平＝岩手県、など他県にある観光地というイメージを強く持たれがちだ。筆者は、「情報発信量のそもそもの不足」「他県の動きや取り組みについての情報量の不足」「保守的なシニア層が多数を占める社会に起こりがちな現状維持志向」という背景から、新たな情報発信、料金・サービスの設定がなかなか打ち出しづらいように思える。こうした雰囲気を変えていくには、「外からの目」を増やし、地域を風通しよく、柔軟にすることが一案ではないだろうか。

柿の実を集めながら見えてきた秋田の現実

人口減少が進む中で放置された「もったいない秋田」を有効活用する試みも始まっている。

秋は柿の季節だ。秋田では熟れた柿が至るところで目に入り、実際にあふれるくらいいただくこともある。しかし近年、空き家が増えてきたことでそのまま放置され、うまく消費できていないのではないか。そんな声が出るようになった。

『ものと人間の文化史・柿』(今井敬潤著、法政大学出版局)によると、柿は弥生時代のいくつかの遺跡から炭化樹枝や木質遺物が出土しており、「果実とともに、土木材や農具にも利用される比較的身近な存在であったことが推測できる」としている。現代になっても、食料が不足していた戦中戦後は「糖分補給や菓子の代用として珍重された」という。

秋田の農村では、民家の庭にはほぼ柿の木が植えられている、といっていいほどなじみが深い。柿に詳しい関係者によると、この背景には、もし米が不作になった時に備え、行政が植えること を奨励したという説や、農作物の情報交換や売買をする秋田の恒例行事の場で柿の苗を手に入れやすかった、という説があるという。また柿は「嘉来」とも表現され、縁起物として各家庭で重宝されたようだ。

秋田で山間地を走れば、多くの家の軒先で柿の木が見られ、実がなると鮮やかなオレンジ色が映えるが、人口が減って空き家が増えたことで、伸び放題の場所も多い。熟れて木から落ちた実を見るたびに「もったいない」と、筆者も複雑な心境になっていた。

また、第2章で述べたように、クマによる被害が深刻になる中で、予防のために各地で伐採される木も増えている。

柿の実を無償で集め始めたのが、秋田県能代市に住む柿木崇誌《かきのきたかし》さんだ。依頼を受けて収穫後、加工して商品化している。

広島市出身の柿木さんは専門学校を卒業後、国内を旅する中で出会った能代市出身の女性と結婚した。三二歳で市に移り住み、スキー場や印刷会社に勤めてきた。

秋田で暮らすうち、あちこちの民家で木になったまま傷んでいく柿の実を目にし、しだいに気になり始めた。

自分の名前も「柿木」だ。「柿にまつわる仕事をしたら説得力あるよね」と友人に言われたのをきっかけに、収穫されないままの実をどうにか活用できないだろうかと思い立った。出身地である広島名産のお好み焼きソースの材料やドライフルーツに加工しようと、二二年一〇月から本格的に活動を始めた。

収獲の依頼を受けると、「柿カラー」のオレンジ色でそろえた作業服やベレー帽、軽トラックで各地を回る。これまでに秋田県北部の大館市のほか、三種町などで依頼を受けた。大木になると一本で数百個収穫でき、総計一トンほどの実が集まった年もあるという。

訪問を続けるうちに見えてきたのは、秋田の現実だ。依頼者の中には一人暮らしの高齢者の家も多い。はしごにうまく上れず、高い所まで取れずに腐らせてしまう家も少なくない。クマやサル、ハクビシン、カラスなど野生の動物や鳥が集まり、糞害に悩まされている家もあった。空き家になり、管理が行き届かなくなって枝が伸び放題になった木もある。

実を取るついでに枝などを切り、話し相手にもなると「本当はこっちがお金を払うべきなのに、無料でやってもらってしまって申し訳ない」などと、涙を流して喜ぶお年寄りもいた。

柿木さんは「作業を通じて、地域の人たちの悩み相談に乗り、改善できたこともあります。柿の実集めは困りごと相談にもなり得ます」と、手応えを感じている。収穫した柿を商品化につなげ、売り上げを増やして活動を軌道に乗せたい考えだ。

柿木さんは「秋田には栄養も豊富な柿がたくさんあるのに、その価値がとても軽視されています。その大切さを見直し、地域の課題解決にもつなげたい」と意気込む。

好評を得ているのが、手作りの柿のスムージーだ。柿の甘さが生かされて満腹感もある。柿といえばシニア層が親しむ素朴な味のイメージだが、スムージーはそのめずらしさから若い人からも注目を集めている。

「未利用魚」にも可能性

農産物だけではない。漁業資源も豊富な秋田では、これまで港に集められたものの、まだ食べられる魚や海藻が捨てられていたことも多かった。こうした未利用資源を活用する動きも出てきている。

気候変動の影響で、秋田県沖では「シイラ」の収穫量が増加傾向にある。シイラは東北ではあまりなじみのない未利用魚だったが、加工品の「シイラジャーキー」が二三年末に発売され、徐々に人気が広がっている。県立男鹿海洋高校と三菱商事などが協力して商品化した。見過ごされてきた漁業資源の価値が見直されている一例だ。

二四年一月、「道の駅おが」の店頭には、シイラジャーキーの袋が入口付近に並べられていた。脇には「お一人様二コまで」の掲示がある。販売担当者は、観光客が多く立ち寄る週末にはすぐに売り切れるといい、「高校生が考案したサバ缶も人気メニューになっている。「高校生を応援したい」「今回はどんな味だろう?」といった消費者の心情や関心が人気の背景ではないか」と見る。

一袋税込み五五〇円で、ビーフジャーキーに似た味だが、シイラ独特の酸味をほのかに感じる。酒やビールのつまみによさそうだ。

「道の駅おが」の店頭に並ぶシイラジャーキー(男鹿市, 2024 年 1 月)

三菱商事や地元で洋上風力発電事業を進める「秋田能代・三種・男鹿オフショアウィンド合同会社」によると、シイラジャーキーの開発や販売は、地域資源の価値と漁業関係者の収入の向上を目指す取り組みの一環で、二二年秋から男鹿海洋高校と協議を進め、商品化には約一年かかったという。

シイラはハワイでは「マヒマヒ」と呼ばれ高級魚として重宝されている。日本国内では九州など一般的に食用されるところもあるが、傷みが早いことや臭みなどを理由に敬遠され、市場では流通しにくく、利用価値の低い魚とされてきた。秋田では近年、一定の漁獲量はあるものの、もともと食べる習慣や市場がないため、安価で主に国外向けに販売されてきたという。

開発過程では「うまみを引き出しつつ、常温で長期保存ができる商品」を意識し、シイラの風味を閉じ込めて薫製にして、食べやすくしたという。秋田空港などでも販売しており、今後は地元スーパーでも別パッケージで販売する予定だ。開発に携わった関係者は「取り組みが社会に役立っていることを高校生には実感してほしい。あまり注目されてこなかった地元の食材を生かす機運を今後も盛り上げていきたい」と語る。

秋田には、市場に流通しづらい魚や果物、植物の実などが無数にあり、埋もれたままのものも多い。秋田が「何もない」とはつまり、大企業や娯楽施設、買い物スポット、大勢が集まるイベントなどが比較的少ない、ということだと思うが、自然の恵みを身近に感じるという点では相当豊かな場所だ。灯台下暗しで、地元では気づきにくい価値あるものを、どのようなきっかけでうまく発見できるかが問われている。

発展のカギは「女性の活躍の推進」と「多様性を広げること」

若い世代を中心に人口流出が進む秋田県で女性の活躍の場を広げようと、県が女性で初の理事に任命したのが陶山さなえ氏だ。秋田の将来はどうなるのだろうか。またどんな可能性があるのか。二三年六月、退任前にインタビューし、秋田の課題を語ってもらった。

山口県出身の陶山氏は一九七九年に安田火災海上保険(現・損害保険ジャパン)に一般職として入社した。九五年に三八歳で総合職に転換し、一七年から損害保険ジャパンのグループ会社社長を務めた。二一年七月に秋田県理事に就任した。

今後の秋田の発展の可能性について、「多様性を社会や企業が受け入れることで新たな発見、刷新が生まれる」として、県内外から伝わるアイデアや考え方を柔軟に受け止め、尊重することを継続していくことがカギになる、と指摘する。

県外出身の陶山氏が主に取り組んだのは、秋田での「女性の活躍の推進」と「多様性を広げること」の二つだった。県庁や県警などの行政機関や地元企業の主要ポストの多くを男性が占めてきた中で、特に女性自身や企業経営者らへの意識改革をどう促すかが大きな課題だったという。

陶山氏は任期中の経験をこう振り返った。

——約二年の任期で見えてきた秋田の現状はいかがですか。

小中学校の学力テストの結果は全国的にも上位で、産業の活力となるエネルギーの自給率は高く、豊かな自然が生み出す食料の自給率も高いです。歴史的にも多くの米が収穫でき、農林・鉱物資源に恵まれたことで「豊かさゆえの余裕」を持つ、おおらかな県民性が形づくられたと思います。しかしその豊かさがあたりまえになり、そのすばらしさに気づかないままどこか自己肯定感の低さがうかがえ、「もったいない」と感じてきました。

また性別による役割分担が明確で「男性は仕事、女性は家庭優先」という以前からの価値観が今も根強い、と感じました。特に年配者の上司らが、悪意のない配慮から「女性には責任が重すぎる」と活躍の場を限ってしまう。このため優秀な女性たちは学校を卒業すると、新たなチャンスを求めていったん秋田から離れてしまい、その後なかなか戻ってきません。こうした地元の人たちに長年根付いてきた「思い込み」を変えていくことが大切です。

――よりよい環境づくりのために必要なことは何ですか。

なかなか上がらない賃金も大きな課題ですが、それに加えて仕事で「やりがいがある」と感じ、五年後、一〇年後のなりたい自分が描ける環境作りでしょう。そちらに力を入れれば組織にも徐々に力がついてくる気がします。今の業務を丁寧に見極め、「ここは女性にも任せられる」「この人ならやってくれる」と、その人が持つ資質や能力で仕事を増やしていけば男女差は薄れていくと思います。男性が積極的に育児休暇を取り、育児に参加して両立の大変さを知ることで職場の雰囲気が変わるはずです。

筆者自身も秋田でよく感じるのは、男女の役割分担が明確なことだ。企業や行政、県警の幹部を見ると、女性の姿は少ない一方、食生活の改善に取り組む活動などの場に姿を見せるのは、九割以上が女性だ。

この背景について、県内の女性から「昔から農業県の秋田では、生きていくためには男手が必要な力仕事がどうしても必要だった。男性の影響力が社会でも家庭でも特に強いのはこの名残だと思う」と聞いたことがある。

だが、二一世紀も四半世紀が過ぎた現在でも、性別役割分担の考え方が残るままなら女性にとってはチャンスや魅力に乏しい閉塞感の漂う地域になってしまう。

「Uターンしようとしても、現実には男性が昇進で優遇されていたり、「親もこの仕事についているから」といったコネ採用が中心と言われる職場もある。新たな環境でチャレンジしなければ成長が限られてしまう。うちの娘が県外に出るなら、それは止めない」

こう話す母親の声が耳に残る。

「ええふりこき」と「何もない」の裏にある息苦しさ

県北部に住む移住者の三〇代男性は、秋田での暮らしを息苦しくさせる二つの要因として「ええふりこき(いい格好をする)」気質と、家庭内でよく交わされる「秋田には何もない」という言葉を挙げる。

歴史的に大陸や北海道、関西、北陸地方とのつながりが深く、食も豊かな土地柄の秋田の人たちはプライドが高く見えっぱりで、苦しくなっても「人の助けを借りることを嫌がる傾向にあるのではないか」とこの男性は見る。

「苦しくても、そんなにみっともない姿を近所に見せられない。近所にどう噂されるかわからない、と考えがちになる。他人に言わずに黙り続けた末に、ある日突然行き詰まる。秋田は自殺率が高いと言われてきましたが、こうした雰囲気とも関係がある気がします」と話す。

「たとえば街から離れていくほど人との交流は限られ、人との接点の選択肢がなかなか広がりにくい。それに加え、苦しくなっても誰かに助けを求められず、新たな知識を得ることもなかなかできず、家を出るか、極端になれば自殺してしまうとか、仕事を失ったら人生おしまい、という感覚に陥ってないか、と気がかりです。さまざまな支援策や交流があるのに、そこにうまくつながらないことになりかねません」と懸念する。

また、秋田にはさまざまな魅力や可能性があるのに、大人が子どもに家の中で「秋田には何もないから将来は出てもいいよ」と簡単に伝えてしまうこともあるという。

「子どもがUターンして帰ってきたくても、実は親や祖父母世代が、それを本気で熱烈に受け入れ、歓迎しようとしていない。それで若い世代も親に気兼ねして、戻ろうとしないのではないでしょうか」とも語った。

一部に残るこうした思い込みを変えていくために必要なのは、やはり県民の利益を損ねない形での、異なる背景を持つ人との頻繁な情報交換や交流、往来ではないだろうか。秋田は、かつて大陸と往来していた豊かな文化を今に伝えているだけに、その気概を取り戻すべきだろう。

二三年七月、陶山氏を引き継ぐ二人目の民間出身の理事として、三井住友海上火災保険から丹治純子氏が起用された。丹治氏は、性による格差の解消に向け、女性の意識改革や企業関係者への働きかけ、男性の家事育児の両立の支援などの対策に乗り出している。秋田県が変わるための大きなポイントは、これまで根強く残ってきた「アンコンシャス・バイアス」を見直し、多様な価値観を無理のない形で徐々に受け入れていくことだ。

こうした中で、秋田県議会の女性議員らでつくる「女性議員ネットワーク」が二五年一月に開いたシンポジウムでは、現状を打開する現実的な一つの手段として、まずは女性議員を増やしていく大切さが語られた。

参加者の女性議員からは「議員になりたくてもお金やサポートが乏しいうえに、地域の一部からも反対がある。さらに、なったとしても(多数派の男性議員からの)セクハラやパワハラに耐える環境がいまだにある」との声が出た。さらに「人を受容することが求められているのに、それに気づかずに過ごしてきた人が一定数存在する」「自治会で女性が発言しようとすると、女は出しゃばるな、と言われた」「政治などの意思決定の場に女性が圧倒的に少ない」といった声も出た。

さらに「リーダー層が男性ばかりだと、子どもたちがそれを見て、それがあたりまえと受け止めるようになってしまう」との懸念や、「秋田県議の女性の割合は約一五%で、東京都議は約三割。東京の水準になれば地元の女性の選択肢は増え、力を発揮できるようになる」といった期待も出た。秋田でも一部の自治体は「女性ゼロ議会」だが、県の人口の半分以上が女性という事情を考えれば運営上バランスに欠ける。地元に埋もれている有能な女性の能力をどう引き出し、意思決定の場に加えられるかが、秋田の将来を左右する大きなカギになりそうだ。

高齢者の割合が県内で高まる中で、これを変えていくのは決してやさしい道ではない。だが新たな価値観が根付かなければ、魅力的な未来は描きづらい。少子高齢化が日本の中でも特に進行している秋田がこの波をどう乗り越えていくか、実際に変えていけるのかは、日本の地方が直面している一つの現実として大いに注目に値する。

おわりに　問われる地方ジャーナリズム

デジタル最前線の上海から秋田へ

「中国にはない別の豊かさが、今の日本の地方にはあるのではないか。だから中国人は日本の田舎に引きつけられるのではないか」

そんな思いを抱きつつ、上海から秋田に赴任したのがコロナ禍の二〇二〇年秋だった。その後は秋田面づくりのデスク、あるいは記者の立場で、約四年半にわたり取材を続けてきた。取材のやり方は中国で特派員をしていた時と同じだ。地元の人の目線を踏まえつつ、歴史の資料をめくったり、隣県にも足を運んだりして、あえて外の目でも秋田を眺めるようにした。秋田「特派員」になったつもりで、どんなことが見えてくるのか、どうしたら全体像に迫れるかと思いながら、取材を続けてきた。心がけたのは、記者クラブからの発表をそのまま書くだけでなく、気になる現場には足を運び、直接見聞きすることだ。

その過程で、確かに日本には、デジタル最前線の中国よりゆったりとした感覚や、当局に常に厳しく監視されていないという安心感はあるものの、地方が共通して抱える急速な人口減少によるマンパワー不足、あるいは長年の慣習のしがらみ、また数々のアンコンシャス・バイアスの強さ、県の内外や世代をまたぐ意思の疎通や往来の不足、情報の行き来の停滞、といった課題と向き合わざるを得なかった。こうした背景から、さらに若者の人口が減り、本来の豊かさやゆとりまで失いかねない現実も見えてきた。

「秋田の一〇年、二〇年後、将来は一体どうなると思いますか?」県内外の人とこんな言葉を交わすことも増えた。「山あいの集落が減っていけば、耕作放棄地が原野化し、白神山地や国立公園のようなエリアがおのずと広がり、そこをクマやイノシシ、シカなどが往来し始める」「徐々に人口は江戸時代、さらにはそれ以前に回帰していくのではないか」といった見立ての一方で、「競争が激しい都市部とは違って未開拓の分野が多く、より自由に新しいことを始めるチャンスはまだまだある」といった前向きな声もある。筆者は、今後は山や農地と人の生活地域の区分けがさらに進み、長期的に見れば県民生活は人の多い市街地や主要な駅の近辺、道路沿いに次第に集約されていくのではないかと推測している。

地方取材の発信が縮少しつつある

また、秋田で身をもって感じるようになったのが、地方取材に携わるメディア、あるいはジャーナリズム自体の変化だ。新聞発行部数の減少や組織の効率化の影響で、地方の報道に携わる人数が年々減少するに伴って、地方での出来事を取材・発信する量も減ってきている。その結果、それぞれの地方で起きていることが以前よりも他の地域に伝わりづらくなり、全国的な問題提起の機会が減少している現状を懸念する声もある。

秋田で見れば、筆者が赴任した二〇年以降でも各社の若手記者は減少傾向にあり、現場での取材は、四〇代後半の私を含むベテラン世代が担うことが珍しくなくなった。これまで地方支局が担ってきた記者の「教育機関」としての役割は大きく様変わりしているのだ。

県内の主な市役所には記者クラブが存在し、そこの投げ込み資料をもとに記者が取材をすることが少なくないが、マンパワーが減ることで、日々資料に目を通し、人に会って話を聞き、そこから取材に広げていくという作業にさらなる効率化が求められるようになった。

一つひとつの取材場所に頻繁に通いつめることが難しくなり、市長の会見のカバーなども次第に手が回らなくなってきている。日々各所に投げ込まれたり、送られたりするプレスリリースが十分に生かしきれずに積み上がっていくのを見ながら、力不足を実感する。記者が会見に行かなくなれば、その自治体で起きていることを把握しづらくなり、その結果、ニュースが読者や視聴者になかなか伝わりにくくなる可能性もある。

筆者には、次のような懸念がある。一つ目は、記者が遠方まで取材に行く頻度が下がり、遠隔地の役所側にとって都合の悪い質問や記事が減ることで、行政や当局のメディアに対する「警戒心」や「緊張感」が次第に薄れ、雑な取材対応が目立ち始めることだ。

二つ目は、行政が、自分たちにとって公表に手間がかかったり、都合が悪い、あるいは面倒な情報の公表をためらったり、控えるようになること、そして三つ目は、「地元メディアによる取材や記事＝メディアの一般的な取材」と認識され、「取材されれば掲載され、報道されるのがあたりまえ。全国紙や他のメディアも、地元紙と同様の応対で事足りる」と行政や当局側が誤解することである。

記者が「提案」や「情報交換」することの意義

また、秋田で筆者が体験的に大切だと感じるようになったのは、行政や当局側、あるいは取材先に対する伝達や提案だ。

現場を回る記者は、各地の取材でさまざまな公開情報が蓄積され現場感覚、知識が増えていく。日々報じられている公開情報を参考にしつつ、取材のモラルに反しない範囲で、知り得た情報を取材先に伝え、新たな提案をすることが、相手にとっても貴重な情報になるのだ。

筆者自身、記者会見や取材、懇談の場で、「こういう報道がある。○○をした方がいいとの声があるがどう思うか」「○○県、また○○市ではこんな取り組みをしている」「隣の○○県に行ったが、こんな話が聞けた」「最近○○といった報道があった」と手短に相手に伝えてみると、地元行政などの関係者から「初めて聞いた」「知らなかった」「参考になる」「もっと教えてほしい」「貴重な意見として参考にしたい」と言われたことが何度もある。既に報じられている情報でも、あらためて伝えてみると感謝されることが少なくない。記者にとっては、「これまでの取材が決して無駄ではなかった」とも思えてくる体験だ。地域全体の人口が減る中で、効果的な情報交換がより大切になっているように思える。

筆者はかつて、「既に報道された内容なのでもうみんな知っているだろう」「中途半端に伝えれば、他社の記者を含む第三者にも情報が伝わるので独自の取材にはマイナスになるのではないか」と考えていた。しかし次第に、何気ない雑談でも少しでも相手の役に立つのなら、モラルに反しない範囲で「もう少し前向きに知り得た内容の一部を伝えてみよう」と思うようになった。

記者に対する評価の一つは「ネタを取れること」だが、取材する側もされる側も人手が減っていく中では、知り得たことを共有し、双方で役立てて感謝し合い、新たな取材や話題につなげていく方がより建設的ではないだろうか。

メディア間でも、従来の競争ばかりではなく協力できる点は手を組んで課題に向き合うことがますます大切になってきていると感じる。微力だが、少しずつそんな方向に変えていきたい。

東京一極集中は「リスク」

二五年四月に退任する秋田県の佐竹敬久知事は、二四年七月の東京都知事選の際、記者会見の席で東京一極集中について語っている。佐竹氏は、さまざまな失言が伝えられて話題になったが、それだけ率直で、本音を包み隠さない印象がある。

「東京一極集中の一方で、地方には人口減、また少子化の問題があるが、日本の危機管理上、非常にまずいと思う。東京で首都直下地震、あるいは富士山の噴火などの災害がいずれ起きる確率は高いですから、万一起きたらきっと日本のすべての機能が麻痺します。そうなれば非常に大変なことになる。過密(状態)は非常に厳しいんですよ。米国はニューヨークとワシントンで政治や行政と経済が分かれているが、日本は全部が(東京にあるので)政治も行政も経済も全滅ですよ。(本当に)これでいいのかどうか。首都として立派な東京にするのはいいが、何でもかんでも集めるのはかなり問題かなと」

さらにこう述べた。

「国家の全体の危機管理、そこから東京のあり方を議論しないと。何でもかんでも集めて、例えばタワマン、あれも地震が来たら大変です。現に相当、あれが(長く)持つかどうかも最近は疑問の声もあるし、そこをどうするか。これは東京都もそうだし、政府の問題でもある」。

一般の投資でもリスクの分散が欠かせないのと同じで、東京に国家の機能や人材、資金、活力のすべてを集中させることは、確かに有事の際のリスクが高くなる。発言の真意は、地方の多様性をもっと重視し、それを生かしてほしい、という地方の行政の首長としての願いだろう。

また、大都市の繁栄を支えてきたのは、そこに集まってくる若い人材だが、かれらを大切に育てて教育し、都市に送り出してきたのも、また都市の人の食べる物を育て、絶えず供給してきたのも、秋田を含む地方の人たちである。東京一極集中が進む先には、地方との格差の拡大や、地方の事情を知らない都会の人たちの無関心が拡大する懸念がある。絶対にそうなってほしくない、という思いは筆者もまったく同じだ。

佐竹氏の言うように、仮に大都市で大規模災害などが起きれば、地方からのさまざまな支援が欠かせなくなる。日本は世界的に見れば小さな島国だが、住む場所を変えてみれば多様な生活や考え方、価値観が確かに存在する。近年は能登半島地震や大船渡市での山林火災をはじめとして、大都市から遠く離れた地域での自然災害が増え、多くの住民が経済的に、あるいは心身に大きな傷を負うようになっている。さまざまな痛みをより身近に実感できるかが、有事の社会の強さや思いやりにつながるはずだ。

二五年四月、秋田では新たな知事が就任する。数々の難題を抱えたままだが、そのかじ取りは秋田、さらに日本の存続にかかわるだけに、一人でも多くの人がその将来に注目し、温かい目で新たな発展、魅力の発見へのサポートをしてほしい。

本書の執筆にあたっては、秋田県にとどまらず、青森県や岩手県でも多くの方々に取材のご協力をいただいた。毎日新聞の東北各支局の先輩や後輩、また東北各県の記者の原稿を日々まとめている仙台支局の歴代デスク、各支局長にも支えてもらった。岩波書店の中本直子さんは、普段なかなか注目されづらい地方のテーマに関心を示し、実際に東京から秋田にも足を運んで各地の現実をじかに見ていただいた。各地を一緒に回ったことでさらに的確な助言を得ることができた。

取材の過程では、脳の疾患で体が動かなくなり、筆者が小学生だった一九八〇年代に亡くなった青森県名川町(現・南部町)の祖父・與四郎のことを時折思い出すことがあった。明治生まれで農業に携わり、若い頃は樺太（サハリン）で出稼ぎをし、厳しい性格でしょっぱい味が好きだったが、もし今の時代ならもう少し元気で穏やかに過ごせたような気がする。

あらためて多くの方々に感謝申し上げます。

二〇二五年三月

工藤　哲

工藤 哲
1976年青森県生まれ．埼玉県で育つ．99年に毎日新聞社入社．盛岡支局，東京社会部，外信部，中国総局記者(北京，2011～16年)，特別報道グループ，上海支局長(18～20年)を経て秋田支局次長，現在，秋田支局記者．民法772条などの改正につながった無戸籍についてのキャンペーン報道で2007年疋田桂一郎賞．
著書に『中国人の本音 日本をこう見ている』『上海 特派員が見た「デジタル都市」の最前線』(以上，平凡社新書)，『母の家がごみ屋敷 高齢者セルフネグレクト問題』(毎日新聞出版)，共著に『離婚後300日問題 無戸籍児を救え！』(明石書店)など．

ルポ 人が減る社会で起こること
──秋田「少子高齢課題県」はいま

2025年4月23日 第1刷発行
2025年6月13日 第2刷発行

著 者 工藤《くどう》 哲《あきら》

発行者 坂本政謙

発行所 株式会社 岩波書店
〒101-8002 東京都千代田区一ツ橋2-5-5
電話案内 03-5210-4000
https://www.iwanami.co.jp/

印刷・理想社 カバー・半七印刷 製本・牧製本

ISBN 978-4-00-024558-6 Printed in Japan